초·급·영·어·회·화
〈제3판〉

초급영어회화
Happy English II

1판1쇄 발행 2005년 9월 10일
1판2쇄 발행 2006년 8월 20일
2판1쇄 발행 2009년 8월 25일
2판2쇄 발행 2011년 9월 20일
3판1쇄 발행 2016년 8월 30일

지 은 이   이길영
펴 낸 이   김진수
펴 낸 곳   **한국문화사**
등   록   1991년 11월 9일 제2-1276호
주   소   서울특별시 성동구 광나루로 130 서울숲 IT캐슬 1310호
전   화   (02) 464-7708 / 3409-4488
전   송   (02) 499-0846
이 메 일   hkm7708@hanmail.net
홈페이지   www.hankookmunhwasa.co.kr

ISBN   978-89-6817-395-0 94740
ISBN   978-89-6817-203-8 (세트)

초·급·영·어·회·화
〈제3판〉

| 이길영 지음 |

한국문화사

책을 펴내면서

Happy English I을 출간하고 난 이후, 기초영어회화로서 좀 더 다양하며 실생활적인 내용의 책에 대한 필요성이 제기되었다.

초급영어회화 Happy English II는 Happy English I의 연속선상에 있는 책이다. 기초적인 영어회화 실력이 필요하다고 여기는 분들이 좀 더 깊은 관심을 가지고 다양한 내용의 주제에 따라 공부할 수 있는 책이다. 이 책은 Happy English I과 같이 다양한 표현들을 기능별로 묶어 놓았고 학습자가 자신감을 가지고 접근하도록 되어 있다. 그리하여 이 책을 학습하면서 영어회화의 부족한 부분이 향상되는 것을 목표로 하였다.

Happy English I의 주인공이었던 민호와 선미가 여전히 이야기를 이끌어 가며 한국에 온지 얼마 안 되는 직장동료인 James가 등장하여 재미를 더해 주고 있다. James의 한국에서의 문화적 적응의 모습 내용은 곧 이 책으로 학습하는 학습자들이 추후 외국에서의 자신들의 생활을 반대로 가늠하게 해 주고 있다. 이는 Bonus에서 생생하게 현실화 되어 더욱 흥미를 가지고 학습에 임하게 한다.

Happy English II는 Happy English I과 같이 브레인스토밍의 과정으로서 warm-up을 통하여 학습자의 관심을 자연스럽게 유도하였다. 이로 인하여 의식적, 무의식적 관심을 제고한 후, 본문대화와 표현 익히기, Pop-quiz 및 연습문제로 적절하게 이어지도록 하였다. 뿐만 아니라, 중간에 쉬어가는 코너로 'Coffee Break'를 통하여 저자의 현지 경험에서 나온 재미있는 표현, 실수담 등을 배치하여 학습의 흥미를 높이고자 하였음이 특색이다. 또, 영어, 그 중에서도 세계의 다양한 영어 종류관련 내용을 소개한 Crossroads를 통해 영어에 대한 좀 더 다양한 시각을 가지도록 하였다.

이 책을 공부하면서 학습자는 민호와 선미 두 친구를 중심으로 이야기가 진행되고 있음을 응용, 마치 이 두 사람의 이야기가 자신의 이야기를 하는듯한 상상을 해보기 바라며 그런 마음으로 연습을 해 보기 바란다. 그리하면 훨씬 더 배우는 내용이 여러분의 내재화에 기여할 수 있기 때문이다.

Happy English II를 통해 영어회화에 조금이라도 진척이 있다면 여러분의 영어회화 학습이 행복해 질 것이고 내겐 큰 보람이 될 수 있을 것이다.

이문동에서
저자

Contents

1

LESSON

What's it like?

Introduction

말하기 포인트

어떤 사람이나 일에 대하여 궁금하여 처음에 탐색하는 기능.
평서문을 써서 의문으로 만드는 기능.

유용한 표현

What's it like?
You got back from your trip to Japan, huh?
I bet it was.

Warm-Up

B 〉 Brainstorming 1-1

> M Did you see the new math teacher?
> W A new math teacher?
> M Yeah, he came to our class yesterday.
> W Really? What's he like?
> M Well, he looks handsome, but he seems very strict in class.
> W Hum... I guess we should study math hard.

What are they mainly talking about?

① Mathematics   ② A new teacher

③ School life   ④ Great class

B 〉 Brainstorming 1-2

회사에 처음 발령 받아 온 한 명의 신입사원에 대해서 고참사원들 간에 흔히 나눌 수 있는 첫 마디는 어떤 것들이 있을지 모두 선택해 보세요.

■ What is he like?

■ Why is he like?

■ How is he?

■ Which is like?

■ Who is like?

■ How is he like?

 정답 Brainstorming I-1: ②

Brainstorming I-2: What is he like?, How is he?

B 〉 Brainstorming 2

다음 대화에 있어 B의 대답 중 확실성이 가장 약한 것을 고르세요.

A: Did you see him running out of the bank at that time?

B: _____

① Certainly,
② You bet!
③ No doubt.
④ Surely,
⑤ Possibly,
⑥ Positively,

D 〉 Dialogue

Characters　Minho, Chansoo

Location　　Outside an office building downtown. Chansoo is walking out of the building and Minho is walking in when Minho spots Chansoo.

정답　Brainstorming II: ⑤

Minho	Chansoo, is that you?
Chansoo	Oh, hi, Minho! You got back from your trip to Japan, huh?
Minho	Yeah. I got back yesterday. How have you been?
Chansoo	Busy as usual. Hey, how was it? Where did you go?
Minho	Mostly big cities including Tokyo, Hiroshima, Osaka and some others. It was a different experience.
Chansoo	I bet it was. Tell me more. I can't wait to hear all about it.
Minho	Let me start with my trip to Tokyo, first.
Chansoo	Is Tokyo as exciting as people say?
Minho	Yes, it is. There are many interesting places to visit in Tokyo like Akihabara. It's well-known for its leading high-tech electronic goods.
Chansoo	Yeah, I've heard about that place. I hear it is like Yong-san in Seoul, but a little better and on a larger scale. Is that right?
Minho	Yes, it's a little better and definitely larger. The funny thing is that some of the sale's people in Akihabara can speak a bit of Korean, as well as have good English speaking skills. I was amazed.
Chansoo	Ha, ha, that's cool. No need for me to speak Japanese next time I visit there, huh? Where did you go next?
Minho	I went to the Imperial Palace, which is located in central Tokyo.
Chansoo	What's it like? Is it like Kyung-bok-goong, or Duk-soo-goong?
Minho	Well, it's not like any of the palaces we see in Korea. I guess the main reason

is that the royal family still lives in the palace.

Chansoo Sounds interesting. Were you able to go inside the palace?

Minho No, unfortunately I wasn't. I just took some photos of it. The palace is built like a fortress and surrounded by water like an island.

Chansoo So, that was the most interesting place for you?

Minho Actually, not really. For me Ginza, which means a silver mint, was the most fascinating place.

Chansoo Oh yeah? What's it like?

Minho It's like a combination of Myungdong and Apkujungdong. There are over 400 art galleries, many hip restaurants, and boutiques filled with brand-name items. Wow, it was amazing to see all those stores at one place.

Chansoo That sounds like an overwhelming place to be in.

Minho Believe me. It was.

Chansoo It sounds like you had a great trip. Maybe I can do something similar next year.

Minho You should. I highly recommend it.

Chansoo Now you're ready to get back to work after a great trip, huh?

Minho Well you know, to be frank with you, I still feel like I need more of a break.

Chansoo Ha ha. It's never enough.

해석

등장인물 민호, 찬수

장소 시내에 위치한 한 회사 건물 밖. 찬수는 건물에서 나오고 있으며 민호는 들어가다가 찬수를 발견합니다.

민호 거기 찬수씨, 맞죠?

찬수 아, 민호씨 안녕하세요! 일본 여행에서 돌아오셨군요?

민호 네. 어제 귀국했어요. 어떻게 지냈어요?

찬수 늘 그렇듯 바빠요. 참, 어땠어요? 어디어디 가셨어요?

민호 도쿄, 히로시마, 오사카 외에도 주로 큰 도시를 다녀왔어요. 색다른 경험이었어요.

찬수 정말 그랬겠네요. 더 얘기해주세요! 얼른 다 듣고 싶어요.

민호 도쿄 여행 얘기부터 먼저 할께요.

사이버한국외국어대학교
CYBER HANKUK UNIVERSITY OF FOREIFN STUDIES

11

찬수	사람들이 말하는 것만큼 도쿄가 그렇게 흥미롭던가요?
민호	네, 그래요. 도쿄에는 갈 곳이 많아요, 예를 들어 아키바라가 있지요. 최첨단 전자 제품으로 유명한 곳이에요.
찬수	네, 저도 그곳에 대해서 들어본 적이 있어요. 서울의 용산 같다면서요, 하지만 조금 더 좋고 크다고요. 맞아요?
민호	네, 조금 더 좋고, 크기는 확실히 더 커요. 재미있는 거는요, 아키바라의 몇몇 상인들은 한국어도 구사고, 영어 실력도 좋더라고요. 깜짝 놀랐어요.
찬수	하하, 대단하네요. 다음에 저도 거기 가면 일본어를 할 필요가 없겠네요? 그 다음엔 어디로 갔어요?
민호	도쿄 중심에 위치한 황궁에 갔어요.
찬수	어때요? 경복궁이나 덕수궁 같은 곳인가요?
민호	실은 한국에서 볼 수 있는 궁전과는 매우 달라요. 아마 가장 큰 이유는 일본 궁전에는 왕실이 지금도 살기 때문인 것 같아요.
찬수	재미있네요. 궁전 안에 들어갈 수는 있었나요?
민호	아니요, 아쉽게도. 그래서 사진만 몇 장 찍었어요. 그 궁전은 요새처럼 지어져 있고, 물이 둘러싸고 있어서 꼭 섬 같아요.
찬수	그 곳이 가장 흥미로운 장소였나요?
민호	아니요. 은색 박하를 뜻하는 "긴자"라는 곳이 저는 가장 인상적이었어요.
찬수	그래요? 어때요?
민호	명동과 압구정동을 합친 것 같은 곳이죠. 400개가 넘는 미술 갤러리와, 최신 유행의 식당이 많고, 브랜드 제품을 파는 부티크도 많아요. 그렇게 많은 가게들이 한 곳에 밀집한 걸 보고 정말 놀랐어요.
찬수	정말 끝내주는 곳인 것 같네요.
민호	정말. 그래요.
찬수	무척 재미있는 여행을 다녀오셨군요. 저도 내년에 비슷하게 가 볼까 봐요.
민호	그러세요. 적극 추천합니다.
찬수	즐거운 여행을 다녀와 이젠 다시 일할 준비는 됐나요?
민호	글쎄요, 솔직히, 더 쉬었으면 하죠.
찬수	하하. 충분한 휴식이란 없나봅니다.

C 〉 Comprehension

1. 위 대화 내용과 맞는 것은 어느 것인지 고르세요.

① They went to Japan together.
② They are talking about a trip to Japan.
③ They will go to Tokyo for a business trip.
④ They are talking about vacation plan for next winter.

2. 위 대화 내용과 맞지 않는 것은 어느 것인지 고르세요.

① Some of the sale's people in Japan can speak Korean.
② Minho went to big cities in Japan.
③ Minho went inside the Imperial palace.
④ Minho still wants to have more of a break.

정답　Comprehension: 1. ②　2. ③

Coffee Break

잠시 머리를 식히면서 쉬었다가 갈까요?

Get back!

이번 주의 본문에 'get back'의 구문이 나옵니다.
이 것을 보며 제가 유학시절 경험했던 한 에피소드를 나눕니다...

고물차

미국에 온지 오래 된 어느 유학생이 새 차를 산다고 하면서 자신이 오랫동안 타던 차를 폐차한다고 했습니다. 저와 같은 기숙사에 있던 어느 신참 후배 유학생이 그 차를 폐차하느니 자기에게 달라고 하여 이 차를 받았습니다. 이 차는 시보레 8기통으로 무척 큰 차였지만 너무 오래되어 겉은 다 녹이 슬었고, 핸들도 무척 빡빡한 느낌이며, 기름은 엄청 드는 애물단지 같은 차였습니다. 그러나 기숙사에서 아쉬운 대로 장을 보러 갈 때에 천천히 굴리며 사용할 수 있는 차였습니다.

경찰 사이렌에 겁 없이 차 밖으로

어느 금요일 저녁, 그 유학생 후배와 한인 교회를 가는 중이었습니다. 학교 앞 대로변 진입을 하려는데 갑자기 경찰차가 사이렌 소리와 헤드라이트를 켜며 차 바로 뒤에서 쫓아오는 것이었습니다. 후배와 저는 놀랐고 후배는 차를 길가에 세웠습니다. 그리고 후배는 무슨 일인가 하여 뒤에 서 있는 경찰차에 간다고 차 문을 열고 나갔습니다. 후배가 경찰에 걸려 나가는데 선배인 제가 그냥 있을 수 없어 조수석에 탔던 저도 후배를 돕겠다는 마음으로 나갔습니다.

앗, 돌아가란다.

그런데 그 경찰(여자경찰이었음)은 우리를 보고 갑자기 큰소리로 'Get back!' 하는 것이었습니다. 저희는 '뭐야, 부를 때 언제고 다시 돌아가라니... 마음이 바뀌었네' 하고 생각하며 돌아와 차 안에 탔습니다. 그리고 이제 출발하려고 후배가 키를 꽂는데, 어느새 경찰이 차 창 옆으로 와서는 문을 내리라고 하더니 후배의 면허증을 요구하더군요... 그리고는 워키토키로 연락을 하며 뭔가 확인을 하더니 그냥 가라고 합니다. 특별한 문제가 없는데 오래된 엉망인 차를 타고 가는 유색인인 저희들을 소위 말하듯 불심검문 했던 거지요.

구사일생

나중에 이를 전해들은 사람들이 우리보고 너무 다행이라고 합니다. 경찰로부터 딱지를 안 받아서가 아니라, 잘못하면 경찰한테 총 맞을 뻔 했다는 거지요. 미국에서는 경찰로부터 정지당하면 경찰이 올 때 까지 운전자가 핸들 위에 손을 10시 10분 방향으로 놓고 기다려야 한답니다. 저희처럼 차문에서 뛰어 나오는 경우, 혹은 무엇을 이리저리 찾는 행위(권총을 찾는 행위로 오인 가능성) 등등은 적대적인 행위로 간주되기 때문입니다. 아마도 L.A나 New York 등 대도시 같았으면 차 문을 열고 나오는 우리를 향해 총을 쏘았을 수도 있었을 거라고 그 선배는 이야기 하더군요. 휴... 천만다행입니다...

해외, 특히 미국에서 운전할 때 안전을 위해 이런 것은 미리 알고 있어야 할 텐데...
그런데 경험하지 않으면 누가 안 가르쳐 주는 거지요... 여러분도 조심하세요.

휴... 말이 길었네요. 'Get back'은 '돌아가(와)', 혹은 '뒤로 물러나세요'의 의미입니다. 그 여자경찰도 당황한 나머지 우리보고 Get back! 하며 어찌할 줄 몰라 했던 것 같습니다. get을 이용하여 사용하면 영어의 사용 범위가 매우 넓어진답니다.

- get away : 달아나다
- get over : 넘다
- get together : 모이(으)다

Main Study

E ▶ Expression Ⅰ

❶ Minho spots Chansoo. (민호는 찬수를 발견합니다.)

▶ spot은 명사로 '점', '얼룩', '오점' 그리고 '장소'란 의미.

▶ 동사로는 spot은 "발견하다"라는 뜻. 그래서 두 개의 그림을 놓고 다른 점을 찾는 "다른 그림 찾기"를 영어로는 "spot the difference"라고 함.

▶ 형용사로도 쓰이는데 '즉석에서의' 혹은 '현장의' 의미가 있음. 그래서 'spot news'는 '속 보되는 최신뉴스'를, 'spotlight'는 '스포트라이트' 혹은 '각광'을 가리킴.

❷ Is that you? (거기 찬수 씨지요?)

▶ 멀리서 보이는 사람을 지칭하던지, 대화 중에 나타나는 제 3자, 혹은 문을 두드리는 안 보이는 저쪽 편 등등의 사람을 가리킴.

▶ That's Tom. (저기 저 사람은 Tom입니다.)

▶ Who's that? (저게 누구인가요?)

❸ You got back from your trip to Japan, huh? (당신은 일본여행에서 돌아왔지요, 네?)

▶ 'get back'이라는 표현은 '돌아오다'임.

▶ 'trip to Japan'은 일본으로의 여행.

▷ 그러니 합해서 '일본으로부터의 여행에서 돌아오다'는 뜻.

▶ 'huh?'를 뒤에 붙여서 억양을 올리니 평서문이던 문장의 분위기가 의문문으로 바뀜. 'huh'를 안 붙이더라도 문장 맨 뒤의 억양을 올려도 동일하게 의문의 기능이 생김.

▶ 본 대화 중 후에 나올 문장 'So, that was the most interesting place for you?'에 있어서도 평서문이지만 문장 맨 뒤의 억양을 올리면서 의문부호를 붙이면 의문의 기능을 하게 됨.

❹ busy as usual. (평소처럼 바쁘다.)

▶ as usual → 평소처럼.

▷ He is studying hard as usual. (평소처럼 열심히 공부하고 있다.)

▶ than usual → 평소보다.

▷ She came earlier than usual. (그녀는 평소보다 빨리 왔다.)

❺ I bet it was. (정말 그랬겠네요.)

▶ 강한 동의를 뜻할 때 쓰는 표현. 동사 bet은 "내기하다"라는 의미를 가지이기에 어떤 일이, 내가 내기해도 될 만큼 확실하면, "그것에 대해 내기 한다"는 뜻의 "I bet"을 사용하여 동의합니다.

▷ I bet you 확실히 틀림없이

I bet you 10,000 won that he has forgotten about it. (나는 그가 그것을 잊었노라고 확신합니다 - 10,000원을 내기로 걸만큼)

▶ You bet! 틀림없어요. 분명해요 (당신이 내기해도 될 만큼).

▷ I bet it is. (정말 그렇겠어요.)

I bet it was. (정말 그랬겠네요.)

I bet he was. (그가 정말 그랬겠네요.)

I bet you will be. (당신은 정말 그럴 거에요.)

❻ I can't wait to hear all about it. (얼른 다 듣고 싶어요.)

▶ 'can't wait' 지난 학기에 배웠던 내용이지요? '기다릴 수 없다'는 표현, 즉 '너무 기대된다'는 내용.

▶ 지난번에는 'I can't wait until Christmas.'처럼 'can't wait' 뒤에 'until'이 왔었는데 이번엔 'to + 동사원형' 꼴이 올 수도 있음.

▷ I can't wait to see your new boyfriend.

❼ Is Tokyo as exciting as people say? (사람들이 말하는 것처럼 도쿄가 그렇게 흥미롭던가요?)

▶ as ~(형) as - → -처럼 ~ 하다.

▷ He is as good as people say. (사람들이 말하는 것처럼 그는 좋은 분입니다.)

❽ It's well-known for its leading high-tech electronic goods. (최첨단 전자 제품으로 유명한 곳이에요.)

▶ be well-known for~ → ~로 유명하다. = be famous for~

▷ Chung Myung Hwa is well-known for her musical talent.

= Chung Myung Hwa is a well-known musician.

▷ Picasso is famous for his paintings. = Picasso is a famous painter.

▶ leading 최고의, 수위의　leading hitter 수위타자(야구)

▶ goods → 종종 good의 명사 의미인 '물건'을 복수형으로 써서 '상품'의 뜻으로 사용.

▶ electronic goods → 전자제품

▶ electronic mail → 전자메일(electronic의 앞 글자를 따서 e메일)　⒞ snail mail

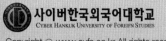

❾ It is on a large scale. (규모가 커요)

▶ "On a scale"은 어떤 장소의 규모나 활동범주, 또는 (수학이나 과학에서) 표본의 범위를 말할 때 쓰는 표현.

▶ on a large scale 또는 on a small scale이라고 하면 '규모가 크다, 작다'를 뜻함.

▶ The scale of this new movie is enormous라고 한다면 '새 영화의 규모가 어마어마합니다.'

▶ on a scale of 1 to 10 → 1에서 10까지(어떤 표본의 범위)

Where do you want to put me on a scale of 1 to 10? (당신은 제가 1부터 10까지 가운데 몇 점쯤 해당되는 것 같으세요?)

Q POP QUIZ I ·······························

Q1 다음 중 <u>어색한</u> 문장은?

① Seoul is as busy as Tokyo.
② He is as strong as a lion.
③ She talks as fastly as a parrot.
④ This movie is as sad as the last one.

≪Hint≫ as ~(형용사) as

Q2 다음의 문장과 다른 의미를 고르세요.

> Seri Park is well-known for her excellence in playing golf.

① Seri Park is famous for her excellence in playing golf.
② Seri Park is a famous golf player.
③ Seri Park is a well-known golf player.
④ Seri Park is well-known to golf players.

≪Hint≫ be well-known for = be famous for
         be well-known to → ~에게 알려져 있다

정답 Pop Quiz I: 1. ③ 2. ④

E ⟩ Expression Ⅱ

❿ The funny thing is~ (재미있는 것은~)

▶ 어떤 재미있었던 일이나, 특이한 일, 이상한 일을 전할 때 사용하는 표현. 따라서 해석은 상황에 따라 '재미있는 것은~', '특이한 것은~', '이상한 것은~'이 됩니다.

▷ She denied knowing the suspect. But the funny thing is that she knew where the suspect lived. (그녀는 용의자를 아는 것을 부인했지만, 이상한 것은 용의자의 거주지는 안다는 것이었습니다.)

⓫ I'm amazed (놀랍게 느껴진다)

▶ 지난 학기에 배운 내용 가운데 'excite'를 쓰는 표현법 기억나시지요? 'amaze'도 마찬가지.

▷ The game is exciting = I'm excited (by the game).

▷ Their playing in the game was amazing.

= I was amazed (by their playing in the game).

▶ 의미상 조금씩 차이는 있지만, '흥미롭다, 재미있다, 놀랍다'를 뜻하는 유의어로서 fascinating, exciting, interesting, overwhelming 등등이 있음.

▷ fascinating (매혹적인, 아주 재미있는)

exciting (자극적인, 흥분되는)

interesting (흥미로운, 재미있는)

overwhelming (압도적인)

amazing (굉장한, 놀랄 만한)

⓬ Some of the sale's people in Akihabara can speak a bit of Korean. (아키하바라의 판매원들은 한국어를 약간 합니다.)

▶ 'a bit'은 여기서 'a little'의 의미.

⓭ What's it like? (어때요?)

▶ 이는 구어체에서 자주 쓰이는 것으로 어떤 사람이나 일에 대하여 궁금하여 처음 탐색할 때 질문하는 말. '어떤 거예요?', '어때요?' 등등의 의미가 있음.

▶ 원래 의미는 It is like what.에서 시작한 의문문으로 '어떤 것 같은 거지요?'의 뜻. 다르게 쓸 수 있는 표현으로 'How is it?'이 가능.

▷ 결혼을 하려고 애쓰는 언니가 선을 보고 왔기에 동생이 언니에게 묻습니다.

Hey, what's he like? Is he handsome?

❹ many hip restaurants, and boutiques filled with brand-name items. (많은 최신유행의 식당들, 그리고 브랜드 물품으로 가득 찬 부티크)

▶ hip → 최신유행의

▶ boutique → 여성용 옷이나 악세사리를 파는 가게

▶ be filled with ~ → ~으로 가득 찬

❺ Believe me. It was. (정말. 그랬어요.)

▶ '정말'을 뜻하는 영어 표현은 상당히 많음. Believe me도 그 중 하나. 상황에 따라서는 말 그대로 '저를 믿으세요'로 해석되는 경우도 있으나 본문에서는 단순히 '정말'이라고 해석하는 것이 자연스러움.

❻ I highly recommend it. (적극 추천해요.)

▶ 동사 recommend는 '추천하다'임. 그리고 우리가 보통 말하는 '강추' 즉 '적극 추천'이 바로 이 표현 'highly recommend'.

▷ Mr. Kim has been highly recommended. (김 씨는 적극 추천 받은 사람입니다.)

▷ Sandra is a highly recommended applicant. (샌드라는 적극 추천 받은 지원자입니다.)

❼ To be frank with you (당신에게 솔직히 말하건대)

▶ 문장 처음에 잘 쓰입니다. To be frank = to be honest '솔직히'.

▶ 'Frankly speaking'도 있고 'frankly', 'honestly'도 자주 쓰입니다.

▷ Frankly speaking, today's lunch was terrible! (솔직히 말해서, 오늘 점심은 끔찍했어!)

Q POP QUIZ Ⅱ

Q1 다음 중 어색한 것을 고르세요.

① 2002 World Cup was amazing.

② 2002 World Cup was exciting.

③ We were overwhelmed by the game.

④ We were fascinating in the game.

《Hint》 fascinating, exciting, interesting, overwhelming, amazing 등등의 용법은 모두 동일하니 주의함.

Q2 '솔직히 말해서'의 의미가 되지 않는 것을 고르세요.

① To be frank,

② To be honest,

③ Frankly speaking,

④ Honest is this.

《Hint》 종종 문두에 잘 나오는 구로 되어 있음.

정답 Pop Quiz Ⅱ: 1. ④ 2. ④

E 〉 Exercise Ⅰ

1 '평소와 같이'의 의미가 되도록 ( )안을 채우세요.

He is studying hard (   ).

≪Hint≫ 'usual'을 사용하세요.

2 다음 중 같은 뜻이 되도록 ( )을 채우세요.

He is well-known for his musical talent.
= He is (   ) for his musical talent.

≪Hint≫ be famous for → ~으로 유명하다

3 '그 사람 어떤 사람이예요?'의 의미가 되도록 ( )을 채우세요.

What's he (   )?

≪Hint≫ 'He is like what?'을 생각해 보세요.

4 '강력히 추천합니다'의 뜻이 되도록 ( )을 채우세요.

I (   ) recommend it.

≪Hint≫ recommend 같은 경우는 특정한 단어를 '강력히'의 의미가 되도록 잘 씁니다.

5 '명동과 압구정동을 합한 것 같아요.'의 의미가 되도록 ( )을 채우세요.

It's like a (   ) of Myungdong and Apkujungdong.

≪Hint≫ combine의 품사변형을 통하여

정답 Exercise Ⅰ   1. as usual
                  2. famous
                  3. like
                  4. highly
                  5. combination

E 〉 Exercise II

1 일본으로의 여행에서 돌아오셨지요?

_____

≪Hint≫ ~로부터 돌아오다 → get back from

2 도쿄는 사람들이 말하듯 흥미롭던가요?

_____

≪Hint≫ as exciting as

3 버스에 사람들로 가득 차있다.

_____

≪Hint≫ be filled with

4 그것을 모두 듣고 싶어 못 참겠네요. (= 얼른 듣고 싶어요)

_____

≪Hint≫ can't wait ~

5 그 공장은 대규모입니다.

_____

≪Hint≫ large scale을 사용하여

정답 | Exercise II 1. You got back from your trip to Japan, huh?
2. Is Tokyo as exciting as people say?
3. The bus is filled with people.
4. I can't wait to hear all about it.
5. The factory is on a large scale.

해외로 여행을 하면 비행기에서 내려 처음 가는 곳이 통상 호텔입니다.
호텔의 프론트에서 흔히 있을 수 있는 대화내용입니다.

(At the hotel front)

A   I made a reservation under the name of Mr. Cho.

B   Hi, Mr. Cho? Could you fill out this registration card?

A   Sure.

A   Here it is.

B   Thank you. Please look this over and tell me if everything's all right.
        If it's all right, please sign where the X is.

A   Fine. Here you are.

B   Room number 725. Here are your keys. Would you like the bellhop to
        take your luggage up to your room?

A   Yes, please.

B   Have a good time.

A   Thank you.

❖make a reservation: 예약하다.

❖fill out (서식, 문서 등의 빈칸을) 채우다, (빈칸에) 써넣다.

❖under the name of ~ : ~의 이름으로

❖registration card: 등록카드, 여기서는 숙박카드이네요.

❖look over~: ~을 대략 훑어보다 (숙박 손님이 숙지할 내용을 읽어보라고 하네요)

❖bellhop = bellboy (호텔의) 사환

(호텔 프론트에서)

A   미스터 조 이름으로 예약을 했습니다.

B   조 선생님, 안녕하세요? 이 숙박카드를 작성해 주실래요?

A   물론입니다.

A   여기 있습니다.

B   감사합니다. 이것을 한 번 죽 괜찮으신지 훑어보세요. 괜찮으시면 X 표시 되어 있는 곳에 서명해 주십시오.

A   좋습니다. 여기 있습니다.

B   방 번호 725호 입니다. 여기 열쇠가 있습니다. 벨보이가 방 까지 가방 들고 가도록 할까요?

A   네.

B   좋은 시간 되십시오.

A   감사합니다.

Wrap-up ···

1. What's it like?

- 어떤 사람이나 사건, 일에 대하여 궁금하여 처음 탐색할 때 질문하는 말.
  '어떤 거예요?', '어때요?' 등등의 의미로 구어체에서 잘 쓰임.

2. You got back from your trip to Japan, huh?

- 'huh?'를 뒤에 붙여서 억양을 올리니 평서문이던 문장의 분위기가 의문문으로 바뀜.

3. I bet it was.

- 강한 동의를 뜻할 때 쓰는 표현. 동사 bet은 "내기하다"라는 의미를 가지고
  있어 어떤 일이, 내가 내기해도 될 만큼 확실하다의 의미.

LESSON 2

You can get there around a quarter to eight, can't you?

Introduction

말하기 포인트

확인하거나 다짐하기.
시간 읽기.

유용한 표현

That must have been lots of fun.
I should be done around a quarter after seven.
Let's meet after you are finished.
Don't forget to bring the pictures of your trip.
You can get there around a quarter to eight, can't you?

Warm-Up

 Brainstorming 1-1

> **M** I don't know where Bill is now. I've been waiting for two hours.
> He should have come home first after school.
> **W** He is coming soon, isn't he?
> **M** How do you know?
> **W** Oh, I thought you knew it. He just called when you went to the restroom.

How does she feel about Bill's coming home.

① She is certain about it.

② She is uncertain about it.

③ She doesn't know about it.

④ She doesn't care about it.

 Brainstorming 1-2

앞의 대화에서 부가의문문이 나옵니다. 이것은 본인은 확신이 있지만 상대방에게 한 번 더 확인을 할 때 쓰는 의문문입니다. 다음 문장 중에서 부가의문문 꼴이 아닌 것을 ☑ 해 보세요.

- It wasn't raining then, was it?
- You wrote this yourself, didn't you?
- I'm not really ugly, am I?
- I think I can do that for you. Can I?
- You feel excited about the game, don't you?

 Brainstorming I-1: ①
Brainstorming I-2: I think I can do that for you. Can I?

B ⟩ Brainstorming 2

다음 중 본질적으로 뜻이 다른 quarter의 의미를 고르세요.

① It's a quarter to ten.

② This is Chinese quarter of San Francisco.

③ Can you exchange four quarters with this one dollar bill?

④ Let's meet at a quarter after six.

D ⟩ Dialogue

Minho   Hello, is Sunmi there please?

Sunmi   Yes, this is Sunmi. Who's calling please?

Minho   Oh, hi, it's Minho.

Sunmi   Hey, Minho. Welcome back! How was the trip?

Minho   It was great. I went to Tokyo, Hiroshima and some other big cities.

Sunmi   Wow. That must have been lots of fun!

Minho   Yes, it was so much fun hanging out in Ginza, especially. Sunmi, I have so many

정답 Brainstorming II: ②

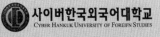

interesting things to tell you about the trip. Why don't we get together?

Sunmi Okay. When and where do you want to meet?

Minho How about tonight at six? Can you meet me at the Crystal Cafe?

Sunmi Well, I have to tutor my cousin tonight.

Minho Do you always tutor your cousin on Friday nights?

Sunmi No, actually I rarely do. Tonight is a make-up session.

Minho I see. What time do you finish?

Sunmi I should be done at a quarter after seven.

Minho Then let's meet after you're finished. Hum... You can get there around a quarter to eight, can't you?

Sunmi Sure. But, it will be rush hour then. Let's make it safe. How about around a quarter past eight?

Minho OK.

Sunmi Oh, don't forget to bring the pictures of your trip.

Minho Sunmi, I took all of my pictures with a digital camera, so I don't have any prints. But, they are all uploaded on my website. You can check them out there.

Sunmi Great! Let me have the site address, will you?

Minho It's www.minhophotos.com. That's M-I-N-H-O-P-H-O-T-O-S dot com.

Sunmi Is there an underscore or hyphen anywhere?

Minho No. It's all one word.

Sunmi Is there an ID or a password that I need to see the pictures?

Minho You don't need an ID or password. Just go to the site and look in the gallery.

Sunmi I'll take a look at them before I go out to meet you.

Minho OK. I'll see you there.

Sunmi See you soon. Bye.

Minho Bye.

해 석

민호 여보세요, 선미 있나요?

선미 네, 전데요. 누구세요?

민호 아, 안녕, 나 민호입니다.

선미 민호씨. 잘 다녀왔어요! 여행 어땠어요?

민호 너무 좋았어요. 도쿄랑 히로시마랑 다른 대도시들도 갔었지요.

선미 와. 정말 재미있었겠네요!

민호 네. 특히 긴자에서 머문 것이 아주 재미있었어요. 선미씨, 여행에 대해서 해줄 재미있는 얘기가 아주 많아요. 만나서 얘기하지요.

선미 그래요. 언제 어디서 만날까요?

민호 오늘 저녁 6시 어때요? 크리스탈 카페에서 만날래요?

선미 그런데...나 오늘 밤에는 사촌동생 과외가 있어요.

민호 금요일 밤에는 항상 사촌동생을 가르치나요?

선미 아니, 사실 거의 안 그래요. 오늘 밤에는 보충해주는 거예요.

민호 그렇군요. 몇 시에 끝나는데요?

선미 7시 15분 정도면 끝나요.

민호 그럼 끝나고 나서 만나지요. 음... 7시 45분 정도까지는 그곳에 도착할 수 있지 않습니까?

선미 물론이지요. 하지만 그때는 출퇴근시간입니다. 안전하게 하지요. 8시 15분경은 어때요?

민호 좋아요.

선미 아, 여행가서 찍은 사진 갖고 오는 것 잊지 마세요.

민호 선미씨, 사진을 모두 디지털 카메라로 찍어서 인화한 사진이 없어요.
그래도 내 웹 사이트에 사진 모두 올려놓았으니까 거기 가면 볼 수 있지요.

선미 잘 됐네요! 사이트 주소를 가르쳐 줄래요?

민호 www.minhophotos.com입니다. M-I-N-H-O-P-H-O-T-O-S 점찍고 com이지요.

선미 글자 사이에 밑줄이나 하이픈은 없어요?

민호 없어요. 모두 연결된 한 단어예요.

선미 올려놓은 사진 보려면 ID나 비밀번호 알아야 돼요?

민호 ID나 비밀번호는 알 필요 없고 그냥 사이트에 방문해서 사진첩으로 들어가면 돼요.

선미 민호씨, 만나러 나가기 전에 사진들 좀 보고 갈게요.

민호 그래요. 그럼 거기서 봐요.

선미 그때 봐요. 안녕

민호 안녕.

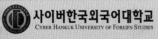

사이버한국외국어대학교
CYBER HANKUK UNIVERSITY OF FOREIFN STUDIES

C 〉 Comprehension

1. 맞는 대화 내용은 어느 것인지요?

① They are meeting tomorrow night.
② They are now talking over the phone.
③ They will go to Japan together.
④ They went to Japan together.

2. 맞는 대화 내용을 고르세요.

① They are tutoring her cousin.
② Minho didn't take a picture at all in Japan.
③ Sunmi is going to see the pictures before she meets him.
④ Minho is moving and changing his address.

정답 Comprehension: 1. ② 2. ③

Coffee Break

Slow down

미국에서의 운전은 우리보다 훨씬 덜 복잡한 곳임에도 주의해야 할 사항들이 많이 있습니다. 제가 실제로 느꼈던 것을 세 번에 걸쳐 시리즈로 Coffee Break에 싣습니다.

우선 어느 도로에 가든지 제한속도에 항상 주의를 기울여야 합니다. 45마일로 제한속도가 되어 있는 길인데, 학교 앞을 지날 때면 어김없이 30마일로 제한속도가 뚝 떨어짐을 볼 수 있습니다. 미국에 간지 얼마 안 되었을 때는 이것이 쉽지 않았습니다. 잘 달리던 앞의 차가 갑자기 속도를 줄이고 서행을 하면 저는 답답해하고는 추월을 시도했는데 알고 보니 학교 앞이었던 것입니다. 우리나라도 학교 앞에 감속된 제한속도표시가 있습니다. 하지만 이를 무시하고 기왕의 속도 그저 유지하고 달리는 것을 당연하게 여깁니다만 미국은 우리와는 달리 제한속도에 매우 민감함을 알았습니다.

고속도로에서도 마찬가지 입니다. 통상 55마일(88km/h)이 제한속도인데 우리의 고속도로처럼 속도에 있어 무법천지가 아니고 잘 지켜집니다. 단 통상 제한속도의 10마일까지는 암묵적으로 용인되어 55마일 존이면 65마일(104km/h)까지는 괜찮다고 여깁니다. 그 이상의 속도는 티켓을 먹을 각오를 해야 합니다. 우리보다 더 넓고 한가한 미국의 고속도로에서 겨우 65마일, 즉 104km로 달리는 것이 처음엔 너무 답답할 수 있습니다만 정말 용케 알고 달려오는 경찰차에 몇 번 걸리다보면 그곳의 습성에 곧 적응할 것입니다.^^

미국에서 생산되는 차는 cruise control이라는 옵션장치가 되어 있어서 속도를 맞추어 놓으면 더 이상 속도에 신경을 쓰지 않고 핸들만 작동을 하면 되는 경우가 있어 편리합니다. 제 경험상 장거리 여행시에 한가한 고속도로에서 cruise control로 속도를 맞추어 놓고 더 이상 제한속도에 신경을 쓰지 않고 양반다리를 하고는 핸들만 움직이며 여행을 했던 기억이 있습니다.

Slow down... 천천히 천천히... slow와 down을 함께 종종 씁니다.

미국에서 운전할 때 몇 번 speed ticket을 먹고 난 다음에 그러니까 몸으로 때우며 알게 되었습니다. 여러분, Slow down. 천천히 운전하세요...

Main Study

E > Expression I

❶ Is Sunmi there? (거기 선미 있나요?)

▶ 전화상에서 누구누구와 통화하길 원할 때 쓰는 말로 매우 구어체적인 표현임.

= Is Sunmi in? → 선미 집에 있나요?

▶ 유사한 표현으로는

▷ May I speak to Sunmi?

▷ I'd like to speak to Sunmi, please.

❷ This is Sunmi. (제가 선미인데요.)

▶ 전화상으로 대화할 때는 'this is ~'를 써서 본인임을 밝힘. 혹은 'It's Sunmi'라고도 표현 함.

▷ This is Ann (speaking). → 제가 앤인데요.

▷ '선미입니까?'라고 물을 때도 'Are you Sunmi?'가 아니라 'Is this Sunmi?'로 표현.

❸ Who's calling please? (누구세요? (전화상))

▶ Who's on the line? (누구시죠?), Who is this, please? (누구세요?)

❹ Welcome back! (돌아온 걸 환영해요!)

▶ 동사로 다음과 같이 잘 쓰임.

▷ Welcome aboard! → 승차(탑승, 승선)해 주셔서 감사합니다.

▷ Welcome to Korea! → 한국에 오신 것을 환영합니다.

▷ Welcome home! → 집에 온 것을 환영합니다.

▶ 또, 형용사로 쓰여

▷ You're welcome. → 천만에요.

▷ a welcome guest → 환영받는 손님

❺ How was the trip? (여행은 어땠어요?)

▶ How is...? → ...이 어때요?

▷ How is the weather today? (오늘 날씨가 어때?)

▷ How is this color? (이 색깔은 어때?)

❻ That must have been lots of fun. (정말 재미있었겠네요.)

▶ must + have + p.p(과거분사) '~였음에 틀림없어'

▷ I thought you must have lost your way. (난 틀림없이 네가 길을 잃었을 것이라고 생각했어.)

사이버한국외국어대학교 CYBER HANKUK UNIVERSITY OF FOREIFN STUDIES

▷ He must have missed the train. (그는 기차를 놓쳤음에 틀림없어.)

❼ It was so much fun hanging out in Ginza. (긴자에서 머문 것이 아주 재미있었어요.)

▶ 'hang out'은 '~에서 어슬렁거리며 시간을 보내다'라는 뜻의 slang.

▷ I'll hang out with Chris this Saturday. (이번 토요일에 크리스랑 놀기로 했어.)

❽ Why don't we get together? (만나지요.)

▶ Why don't~? → ~ 하자, ~하는 것이 어때?

▶ get together 모이다, 만나다

▷ The more we get together, the happier we'll be. (우리가 함께하면 할수록, 우리는 더 행복해 질 거야.)

▷ Do you think you guys can get back together? (너는 너희들이 다시 만날 수 있다고 생각하니?)

❾ Well, I have to tutor my cousin tonight. (글쎄, 오늘 밤에 사촌동생 개인지도를 해줘야 되요.)

▶ tutor (가정교사, 개인교사로서) 가르치다

❿ No, actually I rarely do. (아니, 사실은 좀처럼 하지 않지요.)

▶ 'rarely'는 빈도를 나타내는 빈도부사로 부정적 의미로 '거의 (좀처럼) ~하지 않다'. 'be동사', '조동사' 뒤에, 그리고 '일반동사' 앞에 위치한다. = seldom = hardly

▷ He is rarely late for school. (그는 거의 학교에 지각하지 않는다.)

▷ We rarely see him nowadays. (요즈음은 그를 거의 볼 수 없다.)

▷ He will rarely go there to see his old friends. (옛 친구를 만나러 그곳에 거의 가지는 않을 것이다.)

Q POP QUIZ I ·······························

Q1 '다음 빈 칸에 들어갈 말로 가장 적절한 것은 무엇인가요?

> We still (   ) together once a year.
> 우리는 아직도 일 년에 한 번은 모인다.

① take
② get
③ hang
④ look

≪Hint≫ get together 모이다, 만나다

Q2 다음 중 의미가 다른 표현 하나는 무엇인가요?

① Is Mr. Kim there?
② Can I speak to Mr. Kim?
③ Is Mr. Kim in?
④ Who's calling please?

≪Hint≫ 전화를 걸어 Mr. Kim을 찾는 표현이 아닌 것을 고르세요.

정답 Pop Quiz I: 1. ②   2. ④

E〉 Expression II

❶ Tonight is a make-up session. (오늘 밤은 보충 수업이지요.)

▶ session → 학년, 학기, 수업

▶ make up → 보충하다, 구성하다, 꾸며내다(본문에서는 '보충하다'의 의미로 명사 꼴로 쓰임)

▷ He made up for lost time by driving fast. (그는 속도를 내어 지연된 시간을 만회했다.)

▷ Eleven players make up a team. (11명의 선수가 한 팀을 구성하고 있다.)

▷ He made up an excuse. (그는 핑계거리를 꾸며냈다.)

❷ I should be done around a quarter after seven. (7시 15분쯤이면 끝날 겁니다.)

▶ be done → 다 끝나다, 완성되다

▶ I'm done. → 끝났다.

▶ a quarter → 4분의 1, 즉 60분의 1/4이니 15분을 일컬음. 주화로 25 cents를 일컫기도 함.

▷ a quarter after(past) seven (7시가 지난 후 15분, 즉 7시 15분)

▷ a quarter to(before) seven (7시 15분전, 즉 6시 45분)

❸ Let's meet after you're finished. (당신의 일 끝난 후에 만나요.)

▶ 여기서 after you're finished가 의미적으로는 미래를 나타내지만 주의할 것은 부사절에는 미래 꼴을 쓰지 않음.

▶ What will you do after you graduate? 즉, 의미는 미래이지만 'after you will graduate' 로 쓰지 않음.

❹ You can get there around a quarter to eight, can't you? (8시 15분 전에는 그곳에 도착할 수 있지 않나요?)

▶ 부가의문문으로 앞이 긍정이면 뒤는 부정, 앞이 부정이면 뒤는 긍정으로 표기함. 의미는 종종 확인 혹은 다짐을 하는 기능이 있습니다.

▶ 특별히 맨 뒤에 억양을 내리면 상대방이 긍정할 것이라는 확신 가운데 말하는 것이고, 반대로 올릴 때에는 그럴 확신은 없고 상대방의 의견을 묻는 경우임.

❺ Let's make it safe. (안전하게 하지요.)

▶ 혹 출퇴근시간이어서 늦을 수도 있으니 안전하게 30분 늦추어 8시 15분으로 하는 장면.

▷ Let's make is safe (안전을 도모합시다.)

구어체에서 자주 쓰입니다.

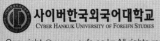

사이버한국외국어대학교
CYBER HANKUK UNIVERSITY OF FOREIFN STUDIES

⑯ Don't forget to~! (~하기를 잊지 마세요!)

▶ forget + to부정사는 '~하기를 잊다'라는 의미로 미래의 행위를 지칭하고 반면에 forget + 동명사(~ing)는 '~한 것을 잊다'라는 의미로 과거행위를 뜻함.

▷ He forgot to lock the door. (그는 문을 잠그는 것을 잊었다.)

▷ I will never forget shaking the President's hand. (대통령과 악수한 일은 결코 잊지 못할 것이다.)

⑰ They are all uploaded on our website. (모두 웹사이트에 올려져 있어요.)

▶ upload 게시물, 글, 사진 등의 자료를 인터넷상의 사이트에 전송하여 올리는 것

▶ 여기서는 'be + uploaded' 수동태 형태로 쓰여서 '올려지다'라는 의미.

⑱ Let me have the address, will you? (주소 가르쳐줘, 그럴 거지?)

▶ let + 목적어 + 원형동사 : ~하게 내버려두다, ~하게 하다
그러므로 '나로 하여금 주소를 가지도록 해줘'의 의미이니 '가르쳐 줘'가 됨.

▶ 명령문의 부가의문문은 'will you'

ⓒ 'Let's ~'의 부가의문문은 'shall we'를 쓴다.

Let's wait and see, shall we? (잠시 지켜보기로 하자.)

⑲ underscore (=underline) (밑줄, 언더라인)

▶ 예를 들어 tiger_king-72@hanmail.net이면 tiger 바로 뒤에 있는 것은 underscore이고 king 뒤에 있는 것은 hyphen임.

⑳ I'll take a look at them before I go out to meet you. (너를 만나러 나가기 전에 그것들을 한 번 볼게.)

▶ take a look at~ (~을 훑어보다)

▶ 역시 before 절에서 미래의 의미이나 13번처럼 미래 시제 안 쓰임.

Q POP QUIZ II

Q1 다음 빈칸에 들어갈 적절한 전치사들을 순서대로 고르세요.

> 3시 45분 경에 만나자.
> Let's meet _____ a quarter _____ four.

① in, after

② around, in

③ around, to

④ to, around

≪Hint≫ 시간상에서: ~경에 (around), ~전에 (to)

Q2 칸에 들어갈 말로 가장 알맞은 동사를 고르세요.

> Let me hear you sing, (   ) you?

① shall

② will

③ are

④ is

≪Hint≫ 명령문의 부가의문문은 'will you'

정답 Pop Quiz II: 1. ③ 2. ②

E 〉 Exercise I

다음과 같은 뜻이 되도록 주어진 단어를 올바른 순서로 채워 문장을 완성해 보세요.

1 '그것 정말 재미있었겠구나.'

> have, fun, lots, of, been
> That must (　　　) (　　　) (　　　) (　　　) (　　　).

≪Hint≫ must(조동사) + have + p.p(과거분사) ~였음에 틀림없어

2 '너는 우리들이 다시 모일 수 있다고 생각하니?'

> get, again, we, together, can
> Do you think (　　　) (　　　) (　　　) (　　　) (　　　)?

≪Hint≫ 주어를 찾은 후에 '모일 수 있다'라는 뜻의 동사, 부사는 마지막에.

3 '그는 학교에 좀처럼 지각하지 않는다.'

> for, late, rarely, is, school
> He (　　　) (　　　) (　　　) (　　　) (　　　).

≪Hint≫ rarely는 빈도부사이므로 'be동사' 뒤에 위치.

4 '7시 15분쯤이면 끝날 거야.'

> around, seven, done, quarter, after, a
> I should be (　　　) (　　　) (　　　) (　　　) (　　　) (　　　).

≪Hint≫ be done 끝나다, a quarter after~ ~후 15분, around 대략

5 '그것들은 모두 웹사이트에 올려져 있어.'

> on, website, uploaded, our
> They are all (　　　) (　　　) (　　　) (　　　).

≪Hint≫ upload 자료를 인터넷상에 올리다

정답 | Exercise I
1. have been lots of fun
2. we can get together again
3. is rarely late for school
4. done around a quarter after seven
5. uploaded on our website

E > Exercise II

괄호 안의 단어를 이용하여 영작을 해 보세요.

1   내 사촌동생을 오늘 밤 과외 지도해야 됩니다.

_____

≪Hint≫ tutor

2   그는 기차를 놓쳤음에 틀림없어.

_____

≪Hint≫ must have p.p ~, miss

3   문 잠그는 걸 잊지 마!

_____

≪Hint≫ forget to~, lock the door

4   주소 가르쳐줘, 그럴 거지?

_____

≪Hint≫ will you?

5   그의 방을 한 번 훑어봐 봐!

_____

≪Hint≫ take a look at

정답   Exercise II   1. I have to tutor my cousin tonight.
2. He must have missed the train.
3. Don't forget to lock the door.
4. Let me have your address, will you?
5. Take a look at his room.

사이버한국외국어대학교
CYBER HANKUK UNIVERSITY OF FOREIFN STUDIES

해외로 여행을 하면 비행기에서 내려 처음 가는 곳이 통상 호텔입니다.
다음은 호텔의 식당에서 흔히 있을 수 있는 대화내용입니다.

(At the hotel restaurant)

A　Hello, What floor is the restaurant on?

B　It's on the second floor, sir.

A　What time does it open?

B　Seven o'clock, sir.

A　How late is it open?

B　It is open until nine.

A　Then, could you bring tomorrow's breakfast to my room at 6:30?

B　That early...? All right. What would you like to order?

A　I'd like to have orange juice, toast, two scrambled eggs, bacon and coffee please.

(호텔 식당에서)

A　여보세요. 식당이 몇 층이지요?

B　2층에 있습니다.

A　몇 시에 엽니까?

B　일곱 시입니다.

A　몇 시까지 열지요?

B 아홉 시까지 입니다.

A 그러면, 내일 아침식사를 제 방으로 6:30분까지 가지고 올 수 있는지요?

B 그렇게 일찍이요? 알겠습니다. 무엇을 주문하시겠습니까?

A 오렌지 주스, 토스트, 스크램블 계란 두 개, 베이컨과 커피를 주세요.

❖What time does it open?

몇 시에 엽니까?

❖How late is it open?

몇 시까지 엽니까?

= What time is it open until?

❖American Breakfast/Continental Breakfast/English Breakfast

호텔의 아침식사는 통상 American breakfast(미국식 아침식사)와 Continental breakfast (유럽식 아침식사) 두 종류로 나뉩니다. American breakfast는 빵 종류에 커피, 오렌지 주스, 소시지, 햄 혹은 베이컨을 제공하며. Continental breakfast는 빵 종류에 커피 정도로 간단한 편입니다. 때때로 English breakfast(영국식 아침식사)를 제공하는 호텔도 있는데 소시지, 베이컨, 계란, 토스트, 차 등등으로 조금 푸짐하게 느껴집니다.

Wrap-up ···

1. That must have been lots of fun.

- must + have + p.p(과거분사) '~였음에 틀림없다.'

2. I should be done around a quarter after seven.

- be done = 다 끝나다, 완성되다.
- I'm done. 끝났다
- quareter 4분의 1

3. Let's meet after you are finished.

- 현재 꼴이나 미래의 의미가 있음에 주의.

4. Don't forget to bring the pictures of your trip.

- forget + to 부정사 vs. forget + 동명사(~ing)

5. You can get there around a quarter to eight, can't you?

- 부가의문문형태로 뒤의 억양을 내라면 확인의 의미

LESSON 3

Do you follow me?

Introduction

말하기 포인트

설명을 할 때 이해하고 있음을 확인하기.
단계적으로 설명을 진행하기.
컴퓨터 용어 이해하기.

유용한 표현

Do you follow me?
Click on the upload icon, then you can easily save the pictures on your computer.
The pop-up window of your C drive will appear.
I'll right back with your drinks.

Warm-Up

B Brainstorming 1-1

A(Man) Let me explain to you how to upload the photo onto the web.

B(Woman) OK, please make it simple so that I can understand.

A If you take a photo with a digital camera, you just hook your camera with your computer by using USB port provided by the camera producer. Then, those photos will be automatically saved in your computer. Then, you go onto internet and click on the upload image section of the web-site.

B Then, how can I find the photos?

A You will find them in the hard drive of your computer. When you find them in the hard drive, double click on the photos. Then it is automatically uploaded onto the web.

B Wow. That sounds too difficult.

A No. it's not that difficult.

A 이 사진을 웹에 어떻게 올리는지 설명해 주지요.

B 좋습니다. 간단히 설명하셔서 이해하도록 해 주세요.

A 디카로 찍었다면 카메라 살 때 받았던 USB로 컴퓨터에 연결하세요. 그러면 사진들은 자동적으로 컴퓨터에 저장될 것입니다. 그런 다음 인터넷에 접속, 해당 웹 사이트에 가서 '이미지 올리기'를 클릭하세요.

B 그런 다음, 내가 어떻게 그 사진들을 찾지요?

A 컴퓨터의 하드 드라이브에서 찾지요. 그것들을 찾으면 두 번 클릭하세요. 그러면 웹에 자동으로 올려집니다.

B 와... 어렵게 느껴지네요.

A 아니오, 그리 어렵지 않습니다.

1 What are they talking about?

① how to get USB port

② how to upload photos in a web site

③ how to buy a digital camera in the internet

④ how to print photos in a computer

 Brainstorming 1-1: 1. ②

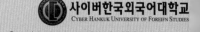

2 What's her response to his explanation?

① The explanation is clear.

② The explanation is simple.

③ The explanation is interesting.

④ The explanation is difficult.

B 〉 Brainstorming 1-2

A(Man) At this university we offer two different programs for students who have children. For those of you with very young children, we have a day care program that takes infants from 3 months to 30 months. We have another program for children between four and six years of age. <u>Are you with me</u>?

B(Adult Woman) Not really. What about three year-old-kids?

A Oh, I'm sorry. I made a mistake. The second program is for children between three and six years of age. Now, <u>is that clear</u>, Ma'am?

B Yes. Thank you.

위의 밑줄 친 것들과 동일한 의미로 쓰이지 않는 것은?

① OK?

② Do you follow me?

③ Are you above yourself?

④ Do you understand what I'm saying?

정답 Brainstorming I-1: 2. ④
Brainstorming I-2: ③

D 〉 Dialogue

▶▶ Minho is waiting for Sunmi. Sunmi walks in and sits down.

Minho   Hi, Sunmi. It's great to see you again.

Sunmi   Minho! It's great to see you, too! Oh, did you order yet?

Minho   No, I was just looking at the menu when you came in.

Sunmi   Okay. Let's order then. I'll have a cafe latte.

Minho   Sure. (to the waitress) We'd like one cafe latte and one cafe mocha, please.

Waitress   Will that be all?

Minho   Yes, that will do.

Waitress   Okay. I'll be right back with your drinks.

Sunmi   Minho, I saw all of your photos. The ones I like most are of the tiny and beautiful Japanese garden. Now I see you are really good at taking photos.

Minho   Oh, thanks. I'm glad that you like them.

Sunmi   I think it's a good idea to post photos on the internet cafe. But I'm kind of computer illiterate. Can you tell me how to do it, Minho? I have some photos I'd like to post on the alumni internet cafe.

Minho   Oh, I see. It is not that difficult. If you take photos with your digital camera, you just hook your camera up to the computer with a USB cable. Then, you can easily save them on your computer. Any problem, so far?

Sunmi	No. I think I can handle that.
Minho	Good. Now, you go to the alumni internet cafe, and click on the upload icon on that site. Then, the pop-up window of your C drive will appear where you can find your photos. Double click on the photos icon and they will be uploaded onto the web. That's it. Do you follow me?
Sumni	Oh, yeah. It does not sound too bad. However, I don't have a digital camera. So what do I do with my photos?
Minho	Ah, don't worry. You just need to scan your photos with a scanner. Then save those scanned photos to the hard drive of your computer. The rest of procedure is all the same. You think you can try?
Sunmi	Yeah, sort of. If I can't follow the steps you told me and have some problems, can I call you for a help?
Minho	Sure, no problem! But I'm sure you'll figure it out.
Sunmi	Thank you, Minho. I'll upload the photos by tomorrow morning, and you can see them on our alumni site.
Minho	OK, I'm looking forward to seeing them.

해 석

▶▶ 민호는 선미를 기다리고 있다. 선미가 들어와 자리에 앉는다.

민호 안녕하세요 선미씨. 다시 보게 되어서 반갑네요.

선미 민호씨! 저도 반가워요. 아, 아직 주문 안하셨어요?

민호 아직요, 선미씨가 왔을 때 막 메뉴를 보고 있었어요.

선미 그렇군요. 그럼 주문할까요? 전 카페라떼로 할게요.

민호 네. (종업원에게) 여기 카페라떼 한 잔, 카페모카 한 잔 부탁합니다.

종업원 그게 다입니까?

민호 네, 그게 다입니다.

종업원 네, 마실 것을 가져다 드리겠습니다.

선미 민호씨, 민호씨 사진 모두 보았어요. 아주 작고 아름다운 일본식 정원이 가장 맘에 들던데요. 정말 사진을 잘 찍으시는 것 같아요.

민호 고마워요. 사진 잘 보셨다니 기쁘군요.

선미 제 생각에 사진을 인터넷 카페에 게시하는 건 아주 좋은 방법인 것 같아요. 근데 저는 컴맹에 가까워서요. 어떻게 하는 건지 가르쳐 주시겠어요, 민호씨? 저도 동호회 카페에 올리고 싶은 사진들이 있어서요.

민호 아, 알겠습니다. 그렇게 어렵지는 않아요. 디지털 카메라로 사진을 찍었을 때는 USB케이블에 카메라만 연결시키면 돼요. 그리고 나서, 컴퓨터에 사진을 저장하면 됩니다. 여기까지 이해되세요?

선미 네, 할 수 있을 것 같아요.

민호 좋습니다. 그럼 그 다음에는 인터넷 동호회 카페 사이트로 들어가서, 그 사이트에 있는 업로드 아이콘을 클릭하세요. 그러면 선미씨 컴퓨터의 C드라이브 창이 뜰 거예요. 거기서 사진을 찾으시면 돼요. 사진 아이콘을 두 번 클릭하시면 인터넷상에 올려지게 됩니다. 그게 전부에요. 이해되세요?

선미 네. 그렇게 어려울 것 같지는 않네요. 그런데 저는 디지털 카메라가 없는데 어떻게 하죠?

민호 아, 걱정 마세요. 그냥 스캐너로 사진을 스캔하세요. 스캔하신 사진을 컴퓨터 하드 드라이브에 저장하시면 됩니다. 그 다음 절차는 똑같아요. 하실 수 있겠어요?

선미 네, 아마도요. 만약 제가 말씀해주신 대로 하지 못하고 문제가 생기면 전화해도 될까요?

민호 물론이죠. 하지만 분명히 하실 수 있을 거예요.

선미 고마워요, 민호씨. 내일 아침까지 사진을 올릴 거니까 민호씨도 카페에서 보실 수 있을 거예요.

민호 좋아요. 사진 볼 일이 기대되는군요.

C > Comprehension

1. 대화 내용과 맞는 것은 어느 것인지 고르세요.

① She is not good at computer.
② She is following him after dinner.
③ He likes a digital camera better than a scanner.
④ He will throw out the cable through the pop-up window.

2. 대화 내용과 맞는 것은 어느 것인지 고르세요.

① 민호와 선미가 함께 사진을 찍었다.
② 민호는 선미의 사진을 스캔하여 보관하기를 원한다.
③ 선미는 민호로부터 사진을 웹에 올리는 방법을 배운다,
④ 선미는 컴퓨터를 구입하려는데 사진 올리기 기능이 있는가를 우선시 한다.

정답 Comprehension: 1. ① 2. ③

Coffee Break

잠시 머리를 식히면서 쉬었다가 갈까요?

Can I have
something to eat?

유학 중 대학원 학생 몇 명이 어느 미국 교수님댁에
저녁초대를 받아 갔는데, 마침 다른 일이 있던 저는
불가피하게 조금 늦게 가게 되었습니다. 30분 정도
늦게 도착하니 대부분의 친구들이 이미 식사를 마치고
거실에 나와 커피를 들고 있었고 한두 명의 여학생이
사모님과 dining room에서 식탁에 앉아 이야기를 하고
있음을 보았습니다.

거실에서 동료들과 반갑게 인사를 한 저는 저녁을 먹어야 할 텐데, 그렇다고 먼저 부엌으로 스
스로 갈 수도 없어 소파에 엉거주춤 앉아 있는데, 사모님이 저녁 먹지 않겠느냐고 물었습니다.
배고픈 저는 당연히 'Thank you' 하고는 갔어야 하는데, 실제 저의 입에서는 'No'가 나왔습니
다. 저는 한국식으로 생각한 것이지요... 하하. 저는 당연히 '그래도 와서 한 입만이라도 먹으
라'고 할 줄 기대한 것입니다. 그러면 마지못해 가서 두 그릇을 비울 작정이었습니다 ㅎㅎㅎ.
그런데 저의 'No'라는 대답에 사모님은 두 번 다시 물어보지 않으셨습니다. 아악... 이럴 수
가... 저는 진수성찬이 아직 많이 남겨진 그 식탁을 저 옆에 두고 그날 밥을 굶었습니다... ㅠㅠ

'Can I have something to eat?'(먹을 것 좀 주실래요?, 뭐 좀 먹어도 되요?) 이 말만 했더라면
좋았을 텐데요...

많이 희석되어가기는 하지만, 여전히 우리는 초대되어 손님입장에서 무엇을 하려면 적어도 주
인이 두세 번 정도 물어보아 마지못해 승낙하는 무언의 법칙이 있습니다.

A: "이거 드세요"   B: "아니요, 괜찮아요"

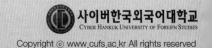

Lesson 3 Do you follow me? [3주차]

A: "그러지 말고 드세요"   B: "괜찮은데..."

A: "드셔보세요. 맛있어요."   B: "네, 그럼..."

서양은 우리의 겸양지덕에서 나온 예절에 입각한 형식적 거절을 이해 못합니다. 손님으로 갔을 때, 배고프면 먹을 것을 달라고 하십시오.

- Can I have something to drink?   '마실 것 좀 주실래요?'
- I'd like a cup of coffee, please?   '커피 한 잔 마시고 싶습니다'
- Can I have some more, please?   '좀 더 먹어도 되지요?'

사이버한국외국어대학교
Cyber Hankuk University of Foreifn Studies

Copyright ⓒ www.cufs.ac.kr All rights reserved

53

Main Study

❶ It's great to see you again. (당신을 다시 보게 되어 기뻐요.)
  ▶ 구어체에서는 it's를 생략하고 단순히 Great to see you again.으로 표현.
  ▶ 만나고 나서 이제 헤어질 때는 부정사가 아닌 동명사로 종종 표현한다.
    ▷ Nice **to see** you again. (다시 보게 되어 반가워.)
    ▷ Glad **to meet** you. (만나게 되어 반갑습니다.)
    ▷ (It's been) great **seeing** you. (만나게 되어 즐거웠어요.)
    ▷ Nice **talking** to you. (얘기하게 되어 즐거웠어요.)

❷ Did you order yet? (주문 아직 안했어요?)
  ▶ order는 '순서, 명령, 주문' 등의 의미가 있고 여기서는 '주문하다'로 쓰임.
  ▶ yet은 already와 같은 의미(아직, 이미, 벌써)로 already가 긍정문에서 쓰이는 데 반해 yet
    은 같은 의미로 부정문, 의문문에서 쓰임.
    ▷ He already got there. (그는 거기에 이미 당도했다.)
    ▷ I don't know anything yet. (나는 아직 아무것도 모릅니다.)
    ▷ Did you order, yet? (주문 아직 안했어요?)
  ▶ 그러나 already가 부정문, 의문문에서 쓰인다면 이때는 뜻밖의 상황이나 놀람을 나타내어
    '벌써, 이렇게, 빨리'와 같은 뜻을 가짐. 일반 동사 앞, be동사와 조동사 뒤에 위치.
    ▷ Aren't you ready yet? (아직 준비 안됐나요?)
    ▷ Is it May already? (벌써 5월인가요?)

❸ I'll have~ (~로 할게요.)
  ▶ 여기서 have는 '먹다, 마시다'라는 의미로 레스토랑이나 커피숍에서 주문을 할 때 많이
    쓰는 표현이다. I'd like (to have)~로 좀 더 정중하게 표현할 수 있음.
    ▷ What will you have? (무엇을 드시겠어요?)
    ▷ I have had enough. (충분히 먹었어요.)
    ▷ I'll have a tuna sandwich. (참치 샌드위치를 먹겠어요.)

❹ That will do. (그게 전부입니다.)
  = That will be all. = That will be sufficient.
  ▶ do에는 '충분하다, 족하다'라는 의미가 있어서 본문에서 "Will that be all?"에 대한 대답
    으로 쓰인 표현.
    ▷ Will this do? (이거면 될까요?)

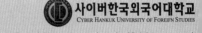

▷ Their outfits won't do for hiking. (그들의 복장으로는 하이킹은 무리다.)

▷ This will never do. (이것으로는 도저히 안 되겠다.)

❺ I'll be right back with your drinks. ((주문한) 음료수를 가지고 바로 올게요.)
  ▶ 여기서 right의 의미는 '바로'
    ▷ right after dinner (저녁 식사 후 바로)
    ▷ right in the middle (바로 한 가운데)

❻ Now I see you are really good at taking photos. (이제 당신이 사진을 잘 찍는다는 것을 알겠네요.)
  ▶ I see → 여기서 see는 모르던 일에 대해 알게 되거나 이해하게 되었다는 의미
  ▶ be good at → ~에 능숙하다, 잘 하다(반의어는 be poor at)
  ▶ take photos → 사진을 찍다
  ▶ I'm not very good at games. 나는 게임은 잘 하지 못해요.
    ▷ a good doctor (유능한 의사)
    ▷ a good cook (요리솜씨가 좋은 사람)
    ▷ a good play (내용이 잘 된 연극)

❼ It's a good idea to post photos on the internet cafe. (사진을 인터넷 카페에 올리는 건 좋은 생각이에요.)
  ▶ post → 게시, 광고를 붙이다, 인터넷 게시판에 ~을 올리다
    ▷ He is posting a notice on the wall. (그는 벽에 게시물을 붙이고 있어요.)
    ▷ They are posting false information on the web. (그들은 인터넷에 거짓 정보를 올리고 있어요.)
    ▷ All over town, for-sale signs are posted in front of houses. (마을 전체에 매물 표지판이 집집마다 걸려져 있다.)

❽ But I'm kind of computer illiterate. (그런데 저는 컴맹에 가까워요.)
  ▶ 본문에는 인터넷상에서 쓰는 용어들이 많이 나오고 있음.
    literate '읽고 쓸 줄 아는'의 반의어 illiterate은 '읽고 쓸 줄 모르는, 문맹의'라는 의미.
    여기서는 'computer illiterate'은 컴퓨터를 능숙하게 사용하지 못하거나 인터넷상의 지식이 없는 사람을 가리킴.
    kind of → 어느 정도(=sort of)
    ▷ I was kind of hungry at the time. (나는 그 때 배가 좀 고팠어요.)

▷ You look kind of pale. (당신 좀 창백해 보여요.)

▷ It's kind of chilly outside. (바깥 날씨가 좀 쌀쌀해요.)

❾ Can you tell me how to do it? (어떻게 하는 지 가르쳐줄래요?)

▶ Can you tell me~? ~를 말해줄래요? 알려줄래요?

▷ Don't[Never] tell me! <구어체> (설마!; 말도 안돼는 소리 하지 말아요!)

▷ I'll tell you what. (내 이야기 좀 들어봐요.)

▷ I'm telling you. <구어체> <보통 문미에서> (정말이야 = I tell you.)

▷ I told you so! (그것 봐! 내가 뭐랬어!)

▷ how to do (어떻게 할지(=how I should do))

▷ how to write (어떻게 쓸 지)

▷ how to cook (어떻게 요리하는 지)

▷ what to do (무엇을 해야 할 지)

▷ where to go (어디로 가야 할지)

▷ when to leave (언제 떠나야 할 지)

Q POP QUIZ I ·······························

Q1 다음에 들어갈 말로 알맞은 동사는?

> **A** Are you ready to order, sir?
> **B** Yes. I'll have an orange juice.
> **A** Will that be all?
> **B** Yes, that will (   ).

① have

② eat

③ all

④ do

≪Hint≫ do → 충분하다, 족하다

Q2 다음 예문의 밑줄 친 'kind of'의 의미가 '어느 정도, 좀, 얼마간'을 뜻하는 하나는 무엇인가요?

① It's <u>kind of</u> you to say so.

② What <u>kind of</u> books do you have?

③ I was <u>kind of</u> sick yesterday.

④ This store has a new <u>kind of</u> camera.

≪Hint≫ kind → '친절한', '종류', '다소' 등등의 의미가 있으니 주의.

정답 Pop Quiz I: 1. ④   2. ③

E 〉 Expression Ⅱ

❿ You just hook your camera up to the computer. (그냥 카메라를 컴퓨터에 연결하세요.)

▶ hook up → '호크(고리)로 채우다, 갈고리 모양의 물건으로 걸어 올리다, 기기 등을 설치하다, 연결하다, 접속시키다'라는 의미가 있고, 본문에서는 컴퓨터에 연결시키는 것을 의미.

▷ Hook up a horse to a wagon (말을 수레에 매세요.)

⓫ You can easily save them on our computer. (당신은 쉽게 그것들을 컴퓨터에 저장할 수 있어요.)

▶ easily → 쉽게, 용이하게

▶ save → 구하다, 저축하다, 절약하다, (컴퓨터상) 파일이나 문서를 저장하다

▷ save the situation (상황을 잘 수습하다.)

▷ save one's honor[reputation, credit, face] (명예[명성, 신용, 체면]를 지키다.)

▷ save appearances (체면을 유지하다)

▷ save one's strength (힘을 아껴두다.)

▷ save expenses[expenditure] (비용[경비]를 절약하다.)

▷ A stitch in time saves nine. (호미로 막을 것을 가래로 막는다.)

⓬ Any problem, so far? (지금까지 문제 있어요?)

▶ so far → 지금까지(=up to now).

▷ So far no great harm has been done. (지금까지는 큰 피해를 입고 있지 않다.)

▷ He has written only one novel so far. (그는 지금까지 단지 한 권의 소설만을 썼다.)

▷ So far, so good. (지금까지는 잘되어가고 있어.)

⓭ I think I can handle that. (내가 할 수 있다고 생각해요.)

= I think I can deal with that.

▶ handle → 처리하다, 다루다

▷ How shall we handle this problem? 이 문제를 어떻게 처리할까요?

▷ The play handled the racial problem sensitively. (그 연극은 인종 문제를 예리하게 다루고 있었다.)

⓮ 인터넷 상의 용어들

▶ alumni internet cafe → 인터넷 동호회 카페

▶ click → 컴퓨터 상에서 지목된 부분을 마우스 버튼으로 누르는 것.

▶ upload → 게시물이나 사진, 글 등을 인터넷상의 사이트에 올리는 것.

▶ icon → 컴퓨터 상의 파일이나 목록을 나타내는 일련의 표시.

▶ pop-up window → 갑자기 뜨는 새로운 창(인터넷 상)

▶ double click → 마우스로 두 번 빠르게 클릭하는 것.

▶ scan → 레이저로 사진을 읽어내는 것

⑮ Do you follow me? (내가 하는 말 이해하고 있습니까?)

= Do you understand what I mean?

= Do you understand what I'm saying?

▶ follow → 이야기 등을 따라가다, 이해하다

▶ as follows 다음과 같이

▷ Could you follow the lecture? (강의를 따라갈 수 있었나요?)

▷ He is following up clues. (그는 단서들을 추적하고 있다.)

⑯ What do I do with my photos? (내 사진들을 어떻게 해야 하죠?)

▶ with를 씀에 주의.

▷ What did you do with my computer? 내 컴퓨터를 어떻게 한 거죠?

▷ He didn't know what to do with himself during the holidays. (그는 휴가 동안을 어떻게 보내면 좋을지 몰랐다.)

⑰ The rest of procedure is all the same. (나머지 절차는 모두 똑같아요.)

▶ the rest of → 나머지(=the remainer, the others)

▶ procedure → 절차, 방식(=process, way)

▶ all the same → 꼭 같은, 다른 점이 없는

▷ I'll take care of the rest. (나머지는 내가 처리할게요.)

▷ The rest of the money is safe at the bank. (나머지 돈은 은행에 안전하게 있다.)

▷ He remembered it for the rest of his life. (그는 죽을 때까지 그것을 기억하고 있었다.)

▷ It's all the same to me whether you pass the exam or not. (네가 시험에 합격하건 아니건 내게는 똑같아.)

▷ You can pay now or later; it's all the same to me. (지금 지불하건 나중에 하건 나에게는 상관없어요.)

⑱ follow the steps (순서를 따르다.)

▶ follow the rules → 규칙에 따르다

사이버한국외국어대학교
Cyber Hankuk University of Foreifn Studies

▶ follow a person's example → 남을 본받다

❶❾ I'm sure you'll figure it out. (당신은 분명히 알아낼 겁니다. = 이해할 겁니다.)

▶ figure out → 계산하다, 알다, 이해하다

▷ I can't figure him out. (그의 마음을 알 수 없다.)

▷ I can't figure out what's going on here. (여기서 무슨 일이 일어나고 있는지 나는 알 수가 없다.)

❷⓪ I'm looking forward to seeing them. (그것들을 보는 것이 고대됩니다.)

▶ look forward to ~ing(명사) → 고대하다

▷ He is looking forward to seeing you. (그는 너를 만나는 걸 고대하고 있어.)

▷ I look forward to the party. (나는 파티가 기다려져.)

▷ I look forward to meeting you all again. (너희들 모두와 다시 만날 날을 나는 고대해.)

Q POP QUIZ II

Q1 다음 중 'rest'의 의미가 다른 하나는?

① She's taking a complete rest.
② The rest of the food was saved.
③ The engine came to rest.
④ The cowboy rested his horse.

≪Hint≫ '나머지'의 뜻을 가진 것을 찾으세요.

Q2 다음 빈 칸에 들어갈 동사를 고르세요.

A: How did he (   ) the problem?
B: He solved it by his own way.

① get
② follow
③ handle
④ do

≪Hint≫ '처리하다'는 뜻을 가진 동사를 고르세요.

정답 | Pop Quiz II: 1. ② 2. ③

E ⟩ Exercise I

다음과 같은 뜻이 되도록 주어진 단어를 올바른 자리에 채워 문장을 완성해 보세요.

1 '다시 만나서 반가워.'

to, again, you, great, see
It's (　　) (　　) (　　) (　　) (　　).

≪Hint≫ 형용사 + to부정사 + 목적어

2 '음료수를 가지고 곧 돌아올 게요.'

back, your, with, right, drinks
I'll be (　　) (　　) (　　) (　　) (　　).

≪Hint≫ '바로'라는 의미의 부사가 먼저 나오고 '음료수를 가지고'의 전치사 구는 마지막에 온다.

3 '저는 컴맹에 가까워요.'

computer, of, kind, illiterate
I'm (　　) (　　) (　　) (　　).

≪Hint≫ kind of → 얼마간, 다소, computer illiterate → 컴맹

4 '어떻게 하는지 가르쳐주실래요?'

how, it, tell, to, me, do
Can you (　　) (　　) (　　) (　　) (　　) (　　)?

≪Hint≫ how to do → 어떻게 하는 지

5 '당신은 쉽게 그것들을 당신 컴퓨터에 저장시킬 수 있어요.'

them, computer, easily, on, your, save
You can (　　) (　　) (　　) (　　) (　　) (　　).

≪Hint≫ easily → 쉽게, 조동사 뒤에 위치. save → 저장하다

정답 Exercise I
1. great to see you again　　　　　　2. right back with your drinks
3. kind of computer illiterate　　　　4. tell me how to do it?
5. easily save them on your computer

E 〉 Exercise II

의미가 통하도록 알맞은 말을 넣어보세요.

1 I see you are really _____ _____ taking photos.

당신이 사진을 정말 잘 찍는다는 것을 알게 되었어요.

≪Hint≫ '능숙하다, 잘하다'에 해당되는 숙어

2 I think it's a good idea _____ _____ photos on the internet cafe.

인터넷 카페에 사진을 올리는 것은 좋은 생각인 것 같아요.

≪Hint≫ '게시하다, 붙이다'

3 You just _____ your camera _____ to the computer.

그냥 당신의 카메라를 컴퓨터에 연결시키세요.

≪Hint≫ '고리로 채우다, 기기를 연결하다, 접속시키다'

4 I'm sure you will _____ it _____.

확신하건대 당신은 그것을 분명히 알아낼 겁니다.

≪Hint≫ figure out → 알아내다, 이해하다.

5 I'm _____ _____ _____ _____ them.

그것들을 보는 것이 고대됩니다.

≪Hint≫ look forward to ~ing → 고대하다

정답 Exercise II   1. good at
                  2. to post
                  3. hook up
                  4. figure, out
                  5. looking forward to seeing

해외로 여행을 하면 통상 호텔에서 머무르게 됩니다.

다음은 호텔에서 체크아웃 할 때 흔히 있을 수 있는 대화내용입니다.

(At the hotel room)

A   Hello, I'm checking out in half an hour. Could you have my bill ready?

B   Yes, of course. What's your name and room number, sir?

A   I'm Jinsoo Kim in room 1242. Could you get a bellboy to deliver the bill to my room?

B   Yes, a bellboy will bring the bill to your room shortly.

A   Thank you.

(호텔 객실에서)

A   여보세요. 30분 후에 체크아웃 하려 합니다. 계산서를 준비해 주실 수 있지요?

B   예, 물론입니다. 성함과 방 번호는요?

A   1242호에 있는 김진수입니다. 벨보이를 통해 계산서를 제게 보내주실래요?

B   예. 벨보이를 곧 보내 전달해 드리겠습니다.

A   감사합니다.

❖check out : (호텔에서) 체크 아웃 하다.

체크 아웃 할 때, 계산서를 받게 됩니다. 통상 방 값, 룸 서비스 받은 값, 전화비 등등 호텔에 머물면서 제공 받은 서비스의 내역이 망라된 계산서입니다.

❖doorman : 도어맨.

호텔현관에서 차 문을 열어주거나 짐을 내리는 일등 기타 안내를 도와줍니다.

❖bellboy : 벨보이

프런트 데스크에서 객실로 짐을 운반해 주는데 보통 1달러 정도의 팁을 주게 됩니다. bellhop 혹은 bellman이라고도 합니다. 큰 호텔은 이런 bellboy들을 총 관리하는 사람(bell captain)이 있는데 로비의 bell desk에서 bellboy들을 지휘합니다.

❖chamber maid : 객실 청소원

객실을 청소하고 침대시트나 수건 등등을 새 것으로 교체해 주는데 팁은 일박에 1달러 정도를 주면 됩니다. 아침에 나올 때, 보통 배게 위에 놓고 나오면 됩니다.

Wrap-up ·····

1. Do you follow me? (내가 하는 말 이해하고 있습니까?)

= Do you understand what I mean?
= Do you understand what I'm saying?

2. Click on the upload icon, then you can easily save the pictures on your computer. (업로드 아이콘을 클릭하세요, 그러면 컴퓨터에 있는 사진을 쉽게 저장할 겁니다.)

3. The pop-up window of your C drive will appear.
(C 드라이브의 팝업 창이 뜰 것입니다.)

4. I'll be right back with your drinks. ((주문한) 음료수를 가지고 바로 올게요.)

- right → 바로
- right after dinner → 저녁 식사 후 바로
- right in the middle → 바로 한 가운데

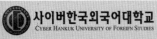
사이버한국외국어대학교
CYBER HANKUK UNIVERSITY OF FOREIFN STUDIES

What's all the fuss about this weekend?

Introduction

말하기 포인트

분위기 파악을 위해 묻고자 할 때.
추석명절을 소개하는 표현.

유용한 표현

What's all the fuss about this weekend?
Chuseok is largely celebrated in Korea.
Oh, I get it now.
Sonpyun is usually stuffed with chestnut or honey.

Warm-Up

B〉 Brainstorming 1-1

(In the office, Nancy and Tom are discussing between themselves.)
M Nancy, you should be really careful, OK?
W OK, you should be careful, too, Tom.
M Yea, I will make sure there should be no problem.
C (passing by) Hey, what's going on?
M Hey, shhhhh, we are now planning a surprise birthday party for the boss.
C Oh. I see. (Even lower tone) Hey... he is right there.
    (The boss is seen in the distance)

(사무실에서 낸시와 톰이 그들끼리 이야기 하고 있다)
M 낸시, 조심해야 되요. 알겠죠?
W 알겠어요, 톰 당신도 조심...
M 네. 아무문제 없도록 확실히 할게요.
C (지나가면서) 여, 무슨 일인가요?
M 헤이, 쉬~~ 우리는 지금 사장님 깜짝 생일 모임을 계획하고 있지요.
C 아, 알겠어요. (더 낮은 목소리로) 헤이... 사장님이 지금 저기 계셔요.
    (사장님이 멀리 보인다)

What are they doing?

① They are taking a test.
② They are watching a movie.
③ They are committing a crime.
④ They are plotting for a special party.

 Brainstorming I-1: ④

B ⟩ Brainstorming 1-2

Nancy와 Tom의 관계는 어떤 것인지 고르세요.

① 직장동료
② 가족
③ 학교친구
④ 운동친구

B ⟩ Brainstorming 2

우리의 추석연휴, 전통 명절이자 사람들이 가장 많이 이동하는 기간입니다. 고속도로의 정체는 지긋지긋하나 그런대로 추석 명절 중 일상화된 것 하나구요... 맛난 송편, 조상에게 드리는 차례 등등이 있습니다. 추석을 생각하면서 직접 관련되는 단어 및 구절이 <u>아닌</u> 것들을 ☑ 해 보세요.

▓ celebrate

▓ traffic jam

▓ examination

▓ harvest

▓ ancestors

▓ democratic

▓ give thanks

▓ romantic

▓ traditional

▓ rice cake

정답 Brainstorming I-2: ①
Brainstorming II: examination, democratic, romantic

D〉 Dialogue

▶▶ What's all the fuss about this weekend?

James   Hey Minho. What's all the fuss about this weekend? Is there something special happening this weekend?

Minho   Hi James. You don't know what's special about this weekend?

James   No. What is it? Am I missing something here?

Minho   Well, the first three days next week are Chuseok holidays. Actually, the holiday starts this weekend so it's going to be a long weekend! Chuseok is largely celebrated in Korea just like Thanksgiving in North America.

James   Oh, I get it now! That's why...

Minho   Yup. Oh, I can't wait to see my parents and younger sister! It's been some time since I've last seen them.

James   You must be thrilled to be seeing them again. How will you get to your parents' house?

Minho   My parents live down in the countryside on their apple farm. So, I'll drive but I'm afraid it will take the whole day.

James   Wow, really?

Minho   Yeah. There are always really heavy traffic jams that take hours to get through on Chuseok. Even the highways are jammed because literally the entire nation is traveling to visit their relatives.

James Is that right? So the traffic is that bad, huh?

Minho Yes. Koreans usually call it "a shift of nation" for that reason. Gosh! Just thinking about that traffic makes me feel as if I'm caught in a traffic jam!

James I feel sorry for you but surely there must be more to Chuseok than just traffic jams!

Minho Of course there are! On the morning of Chuseok, there is a ritual to thank our ancestors for the year's good harvests and to bless them.

James Interesting. What else do you do on that day? Do you eat any particular kinds of food special to the holiday like turkey on Thanksgiving?

Minho Sure. Right after the morning ceremony at home, there is another service at the grave sites of our ancestors which are usually located in the mountains. All the food for that day is prepared with the first harvested crops and fruits of the year. So my parents place apples from their farm alongside of "Songpyun" on a table as one of their offerings.

James Fascinating! By the way, what's "Songpyun?"

Minho It is traditional Chuseok food. It's half-moon shaped rice cake. It is usually stuffed with chestnut, honey, crushed sesame or other sweet and crunchy stuffing.

James Wow, that sounds really delicious! You know, Minho, it seems that "Chuseok" is not so different from the North American Thanksgiving in many ways. North Americans also eat traditional food and give thanks for the harvests too.

Minho Oh, yeah, would you like to visit my hometown with me for Chuseok? You will be welcome there!

James Thanks a lot! I'll be happy to go!

해 석

▶▶▶ **이번 주말에 대해 왜 모두들 야단법석이에요?**

제임스 이봐, 민호. 이번 주말에 대해 왜 모두들 야단법석이에요? 이번 주말에 특별한 일이라도 있나요?

민호 안녕 제임스. 이번 주말에 무슨 특별한 일이 있는지 모르시나요?

제임스 네. 무슨 일이죠? 제가 무언가 모르고 있나요?

민호 흠..다음주의 첫 삼일동안이 추석명절기간이에요. 사실 휴일은 이번 주말에 시작되니까 긴 주말이 될 꺼에요. 추석은 미국의 추수감사절처럼 한국에서 아주 크게 기념하는 명절이에요.

제임스 아, 이제 알겠어요. 그래서...

민호 네. 우리 부모님과 여동생을 만날 일이 너무 기다려져요. 마지막으로 만난 지도 벌써 한참이 지났네요.

제임스 가족들을 다시 만날 생각을 하면 너무 설레겠군요. 부모님 댁에는 어떻게 내려갈 거예요?

민호 우리 부모님은 시골에서 사과농장을 하세요. 그래서 제가 직접 차를 몰고 갈 겁니다. 그런데 하루 종일 걸릴 것 같아 걱정이에요.

제임스 와, 정말요?

민호 네. 추석 때는 항상 교통량이 많고 교통정체가 심해서 내려가는 데 몇 시간씩 걸려요. 실제로 전 국민이 친지들을 뵈러 모두 이동하기 때문에 고속도로조차도 꽉 막혀요.

제임스 그래요? 그렇게 교통체증이 심한가요?

민호 네. 그래서 한국인들은 이것을 '민족의 대이동'이라고 불러요. 에휴! 그 때의 교통을 생각만 해도 지금 내가 교통 정체 속에 갇혀있는 것 같이 느껴지네요.

제임스 정말 안됐네요. 그래도 교통정체 말고 분명히 더 재미있는 것들도 있겠죠?

민호 물론이죠. 추석날 아침에는 그 해의 풍성한 수확에 대해 조상님들께 감사드리고 축복을 비는 제사가 있어요.

제임스 흥미롭네요. 그 날 또 무엇을 하죠? 추수감사절에 칠면조고기를 먹는 것 같이 특별한 음식을 먹나요?

민호 그럼요. 집에서 아침제사를 마친 후에, 산에 있는 조상들의 묘를 찾아가 성묘를 드려요. 그 날의 음식은 모두 그해에 처음으로 수확한 곡식과 과일로 준비를 해요. 그래서 저희 부모님들은 제사상 위에 송편과 함께 농장에서 딴 사과를 올리시죠.

제임스 아주 재미있군요. 그런데, '송편'이 뭐예요?

민호 전통 추석 음식이에요. 반달 모양으로 생긴 떡이죠. 보통 밤, 꿀, 으깬 깨나 다른 종류의 달콤하고 씹히는 속으로 채워져요.

제임스 와, 정말 맛있게 들리네요. 추석은 북미의 추수감사절과 많은 면에서 그렇게 다르지 않은 것 같아요. 북미인들도 전통 음식을 먹고 수확한 것에 대해 감사를 드려요.

민호 오, 맞아요. 추석 때 저랑 같이 저희 고향에 내려가실래요? 거기서 정말 환영받을 꺼에요.

제임스 고마워요. 정말 가고 싶어요.

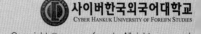

C ⟩ Comprehension

1. 대화내용과 다른 것은 어떤 것인지 고르세요.

① They are talking about Chuseok holiday.
② It's going to be a long weekend.
③ James are familiar with Korean Chuseok.
④ James will go down to Minho's hometown.

2. 대화내용과 다른 것은 어떤 것인지 고르세요.

① Highways are jammed.
② They eat special foods on Chuseok.
③ They thank their ancestors for the harvests.
④ Minho will take a train to his hometown because of heavy traffic.

정답 | Comprehension: 1. ③ 2. ④

사이버한국외국어대학교
CYBER HANKUK UNIVERSITY OF FOREIFN STUDIES

Coffee Break

What's cooking?

유학시절에 학교에서 일해 본 경험이 있습니다.
제 전공 자체가 교육과 밀접했기에 박사과정 학생에게는
일자리로 여러 교육 관련된 일을 할 기회가 있었습니다. 그 중 하나가
Curriculum Center라는 곳이었는데 이곳에서 일 년 간 일한 경험이 있습니다.
이곳은 초중고의 각 급 학교에서 공부하는 교과서를 모아놓은 도서관의 기능을 하는 곳이었습니다. 저는 미국학교에서는 어떤 교과서로 공부하는지 그 내용은 어떤지 틈이 있을 때마다 살펴 볼 기회가 있었습니다.

그 Center의 소장은 유태인이었는데 매우 깐깐한 중년의 여성이었습니다. 잠시 짬을 내어 우리 대학원 학생들이 모여 수다를 떨라치면 멀리서 달려와 'What's cooking?' 하곤 했습니다. 처음엔 순간 이 말이 무슨 말인가 했지만 맥락으로 곧 알아차릴 수 있었습니다. 직역하면 '무엇이 요리되고 있는가?'의 의미이므로 결국 '무슨 일인가?' '무슨 뉴스라도 있는가?'의 뜻으로서 'What's going on?' 'What's happening?' 등으로 대치 할 수 있습니다.

직장에서 점심을 먹고 들어왔는데, 동료들이 모여 웅성웅성 거리고 있다면 이 말을 써 보세요. 'What's cooking?' 유머가 느껴지는 구어체로서 아주 잘 쓰이는 말입니다.

Main Study

E 〉 Expression Ⅰ

❶ What's all the fuss about this weekend? (이번 주말에 대해 왜 이리 야단법석이죠?)

▶ fuss → 흥분, 야단법석, 소란

▶ make a fuss about → ~에 대해 야단스럽게 떠들다

▷ She's a terrible fuss. (그녀는 몹시 시끄럽게 구는 여자이다.)

▷ They made such a fuss over a little accident. (그들은 작은 사고에 흥분했다.)

❷ Is there something special happening this weekend? (이번 주말에 무슨 특별한 일이 있나요?)

▶ something special happening

= something special going on

▶ What's happening? 무슨 일인가?

▶ happen to → 우연히 ~하다

▶ happen (up)on → 우연히 마주치다, 우연히 발견하다

▷ I happened to meet Sue in the elevator. (나는 엘리베이터 안에서 우연히 Sue를 만났다.)

▷ I happened on a job in his company. (나는 그의 회사에서 우연히 일자리를 얻었다.)

❸ Am I missing something here? (내가 무엇인가를 놓치고(모르고) 있는 것인가요?)

▶ miss → 놓치다, (이야기 등을) 듣지 못하다

▷ I was so busy that I missed the concert. (너무 바빠서 그 콘서트를 놓쳤다.)

▷ I'll miss the math class today. (오늘 수학 수업은 빠질 겁니다.)

▶ 혹은 miss는 '그리워하다'의 뜻도 있음.

▷ I'll miss you. (보고 싶을 겁니다(헤어질 때 자주 쓰이는 말))

❹ Chuseok is largely celebrated. (추석은 널리 축하된다.)

▶ largely → 크게, 널리, 많이, 대규모로

▶ drink largely → 잔뜩 마시다

▶ spend largely → 아낌없이 쓰다

▶ celebrate → (특정한 날·사건을) 축하[기념]하다, 경축하다; (축하 행사·의식을) 거행하다, 올리다

▷ The success depends largely on his efforts. (그 성공은 대부분 그의 노력에 달려있다.)

▷ We got together to celebrate her birthday. (우리는 그녀의 생일을 축하하려고 모였다.)

❺ I get it now. (알았어요.)

▶ get= understand 구어체로 '이해하다'의 의미로 종종쓰임

   ▷ I can't get you. (무슨 말인지 네 말을 이해하지 못 하겠어.)

   ▷ Did you get the grammar lesson perfectly? (문법수업 완전히 이해했니?)

❻ That's why. (그런 이유였군요.)

▶ that is나 this is구문과 why를 쓸 때는 선행사인 the reason없이 쓰며, '~하는 이유'로 쓰임. the reason을 쓰고자 할 때는 why를 생략.

   ▷ This is why I came here. (이것이 내가 여기에 온 이유이다.)

   ▷ This is the reason he's been sick. (이것이 그가 아픈 이유이다.)

❼ I can't wait to see my parents. (부모님을 다시 만날 일이 몹시 기대된다.)

▶ 문자 그대로 해석하면 can't wait이므로 '기다릴 수 없다'가 되지만 '어떤 일이 몹시 기대되어 빨리 일어났으면'하고 바랄 때 많이 쓰는 표현.

   ▷ I can't wait to see his new movie. (그의 새 영화를 볼 일이 기다려져.)

   ▷ I can't wait to see you. (네가 너무 보고 싶어 못 견디겠어.)

❽ It's been some time since I've last seen them. (마지막으로 그들을 본 지 꽤 오래 지났어요.)

▶ some time → 꽤 오랫동안

▶ last → 마지막으로, 끝으로 (부사)

❾ You must be thrilled to be seeing them again. (그들을 다시 볼 생각에 흥분되겠군요.)

▶ must → 강한 추측의 '~임에 틀림없다'는 의미.

▶ thrill → 오싹하게 하다, 가슴 설레게 하다, 감격하게 하다

   ▷ That movie thrills people with horror. (그 영화는 사람들을 공포로 오싹하게 한다.)

   ▷ Thomas was thrilled at the offer. (토마스는 그 제안에 감격했다.)

   ▷ I am thrilled with my new home. (새 집을 갖게 되어 가슴이 설렌다.)

▶ be + ~ing → 가까운 미래를 나타냄, 즉 아직은 아니지만 곧 만날 것임을 암시

Q POP QUIZ I

Q1 다음 중 'miss'의 의미가 다른 하나는?

① She missed the point of his story.
② I'll miss you when you're gone.
③ I missed an opportunity to study abroad.
④ The actor missed the plane to L.A.

≪Hint≫ '놓치다'의 의미로 쓰이지 않은 문장. '그리워하다'의 의미를 찾으면 정답.

Q2 'get'의 의미가 다른 하나는?

① He will get the prize.
② When can I get information about it?
③ I've got you.
④ You can get it at a modest price.

≪Hint≫ get '얻다' 이외의 뜻으로 쓰인 것을 찾으세요.

정답 Pop Quiz I: 1. ② 2. ③

E **Expression Ⅱ**

❿ How will you get to your parents' house? (부모님 댁에 어떻게 가실 겁니까?)

▶ 여기서 how는 교통수단을 묻는 말이고, get은 (어떤 장소에) 이르다, 닿다(arrive); 가다 ('get'의 또 다른 의미)

▷ What time do you get there? (몇 시에 그곳에 도착합니까?)

▷ Your baggage got to my apartment this morning. (너의 짐이 오늘 아침에 내 아파트에 도착했다.)

⓫ I'm afraid that it will take the whole day. (유감스럽게도 하루 종일 걸릴 것 같아요.)

▶ I'm afraid~ → 달갑지 않은 일에 대해서 '~라고 생각하다, ~인 것 같다'는 의미.

▶ take → (시간이) 걸리다

▷ I'm afraid it will rain tonight. (오늘 밤에 비가 올 것 같다.)

▷ I'm afraid he's mad at me, isn't he? (그가 나한테 화가 난 것 같아요, 그렇죠?)

⓬ There are always really heavy traffic jams that take hours to get through on Chuseok. Even the highways are jammed because literally the entire nation is travelling to visit their relatives. (추석에는 빠져나가는데 몇 시간 걸리는 심한 정체가 있습니다. 사실상 전 국민이 친지들을 만나러 이동하기 때문에 고속도로조차도 정체가 아주 심해요.)

▶ traffic jam → 교통 체증

▶ jam → 꽉 채워짐, 혼잡; 곤란, 궁지

▶ literally → 글자그대로; 사실상, 정말로, 완전히

▷ There is the jam in the hall now. (강당은 지금 혼잡하다.)

▷ She got into a jam right after leaving the country. (그녀는 그 나라를 떠나자마자 궁지에 빠졌다.)

▷ He takes what you say literally. (그는 너의 말을 액면 그대로 받아들인다.)

▷ My sister was literally white with fear. (내 여동생은 공포로 새하얗게 질렸다.)

⓭ Koreans usually call it 'a shift of nation' for that reason. (한국인들은 그런 이유로 그것을 '민족의 대이동'이라고 부른다.)

▶ call A B → A를 B라고 부르다

▶ shift → 이동, 전환, 변화, 전이 (transfer)

▶ a shift in attitude → 태도의 변화

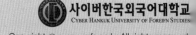

▶ a shift of responsibility → 책임 전가

▷ He called her a fool. (그는 그녀를 바보라고 불렀다.)

▷ This tree is called an acacia. (이 나무는 아카시아라고 불린다.)

▷ Sixth Avenue in New York is called the Avenue of the Americas. (뉴욕의 6번가는 「미국의 거리」로 불리고 있다.)

⓮ Just thinking about that traffic makes me feel as if I'm caught in a traffic jam. (교통에 대해 생각하는 것만으로도 교통체증에 막혀있는 것처럼 느껴져요.)

▶ make는 사역동사로 원형부정사를 취하기 때문에 to feel이 아닌 feel로 쓰고 교통정체 상황에 잡혀 있다는 수동적인 의미 때문에 p.p형태인 caught가 쓰였다.

⓯ I feel sorry for you. (딱하네요.)

▶ (be)feel sorry for → 유감이다. 딱하다.

▶ I am sorry for him in his trouble.

⓰ There is a ritual to thank our ancestors for the year's good harvests and to bless them. (조상들께 그 해의 풍성한 수확과 축복을 감사드리는 의식이 있다.)

▶ ritual → 의식, 관례 ('차례'를 의미)

▶ thank A for B → A에게 B에 대해 감사하다

▶ thanks to → ~덕택에, ~때문에

▶ Thank God [fortune, goodness, heaven(s), Heaven]! → (~이라니) 고맙다, 고맙게도

▷ Thank you for your help. (도와주셔서 감사합니다.)

▷ Thank you for the card. (카드 보내주셔서 감사합니다.)

▷ Thank God, the bus is finally here. (고맙게도 드디어 버스가 왔다.)

▶ ancestor → 조상, 선조

▶ harvest → 수확, 추수

▶ bless → 축복, 은혜

⓱ What else do you do? (또 다른 무엇을 합니까?)

▶ else → 그 밖의, 다른

▶ what else → 무언가 다른

▶ where else → 어딘가 다른 곳에서

▶ or else → 그렇지 않으면

▷ Do you have anything else to tell me? (그 밖에 또 나한테 할 얘기가 있어?)

▷ Where else should I go? (내가 다른 어떤 곳으로 가야하지?)

▷ You'd better leave now, or else you'll miss your plane. (지금 떠나요, 그렇지 않으면 비행기를 놓칠 거에요.)

▷ Do what I tell you, or else. (내 말대로 해, 아니면 혼날 거야.)

❽ So my parents place apples from their farm alongside of 'Songpyun' on a table as one of their offerings. (그래서 우리 부모님들은 조상들에게 드릴 제물의 하나로 상 위에 송편과 농장에서 딴 사과를 놓으십니다.)

▶ offering → 공물, 제물, 헌사품, 선물

▶ alongside of → ~와 함께, ~와 나란히

  ▷ A bill came alongside of the package. (소포와 함께 청구서가 날아왔다.)

❾ It is usually stuffed with chestnut, honey, crushed sesame, or other sweet and crunchy stuffing. (그것은 보통 밤, 꿀, 으깬 참깨나 다른 달콤하고 씹히는 속으로 채워져요.)

▶ stuff → 채워 넣다, 채우다

▶ stuffing → 속을 채우기, 속

▶ crush → 으깨다, 부수다

▶ crunchy → 우두둑 깨무는, 우두둑 소리나는

  ▷ My daughter stuffed her bag with dolls. (내 딸은 가방을 인형들로 채웠다.)

  ▷ That bus was stuffed with children. (그 버스는 아이들로 만원이었다.)

❷⓪ It seems that Chuseok is not so different from the North American Thanksgiving in many ways. (한국의 추석은 많은 점에서 북미의 추수감사절과 크게 다르지 않은 것 같아요.)

▶ It seems that~ → ~인 듯 하다, ~같이 보인다

  = It looks that~ = It appears that~

▶ be different from → ~와 다르다

  ▷ He seems very anxious about the results. (그는 결과가 몹시 궁금한 것처럼 보인다.)

  ▷ It seems strange to me. (내게는 그것이 이상해 보인다.)

  ▷ The baby seemed to be asleep. (아기는 잠이 든 것 같았다.)

  ▷ It seems that they know everything. (그들은 모든 것을 알고 있는 것 같았다.)

Q POP QUIZ II

Q1 다음 문장에서 'literally'와 같은 뜻으로 쓰인 부사는?

> It is literally a failure.

① largely   ② normally
③ obviously   ④ likely

≪Hint≫ 완전히, 분명히

Q2 빈 칸에 들어가야 할 알맞은 전치사는?

> Thank you (   ) your concern.

① for   ② on
③ to   ④ with

≪Hint≫ thank A for B

정답 Pop Quiz II: 1. ③ 2. ①

E 〉 Exercise I

다음과 같은 뜻이 되도록 제시된 단어를 적절한 순서로 채워 보세요.

1 '이번 주말에 무슨 특별한 일이 있는지요?'

special, happening, something, weekend, this
Is there (   ) (   ) (   ) (   ) (   )?

《Hint》 ~thing으로 끝나는 명사는 수식어가 뒤에, '이번 주말'은 때를 나타내는 전치사구로 뒤에 위치.

2 '마지막으로 그들을 본 지가 얼마간 지났어요.'

time, have, them, seen, I, some
It's been (   ) (   ) since (   ) (   ) last (   ) (   ).

《Hint》 현재완료 꼴이 되도록

3 '교통에 대해 생각하는 것만으로도 교통체증에 막혀있는 것처럼 느껴져요.'

makes, if, feel, me, as
Just thinking about that traffic (   ) (   ) (   ) (   ) (   )
I'm caught in a traffic jam.

《Hint》 make + 목적어 + 원형부정사   as if ~ → '마치 ~처럼 하다'

4 '그 날 당신은 또 어떤 것을 하나요?'

do, you, that, do, day, else, on
What (   ) (   ) (   ) (   ) (   ) (   ) (   )?

《Hint》 what else → 또 다른 것, on that day → 그 날

5 '그것은 보통 밤, 꿀, 으깬 참깨로 채워져요.'

with, crushed, usually, honey, stuffed, sesame, chestnut, and
It is (   ) (   ) (   ) (   ), (   ), (   ) (   ) (   ).

《Hint》 be 동사 뒤에 빈도부사 위치

정답 Exercise I   1. something special happening this weekend   2. some, time, I, have, seen them
3. makes, me, feel, as, if   4. else do you do on that day
5. usually, stuffed, with, chestnut, honey, and, crushed, sesame

E ▶ Exercise II

의미가 통하도록 알맞은 말을 넣어보세요.

1 You _____ _____ _____ to be seeing your family again.

가족들을 다시 볼 생각에 가슴이 설레겠군요.

≪Hint≫ 강한 추측의 'must', 'thrill' 가슴 설레게 하다

2 _____ _____ _____ that it will take a whole day.

유감스럽게도 하루 종일이 걸릴 것 같아요.

≪Hint≫ 안 좋은 일이나 내키지 않는 일에 대해 언급할 때 쓰는 표현.

3 You'll be _____ there.

당신은 환영받을 것입니다.

≪Hint≫ '환영받는'의 의미임.

4 So my parents will place apples on the table _____ _____ Songpyun.

그래서 저희 부모님은 상 위에 송편과 함께 사과를 놓으실 겁니다.

≪Hint≫ ~과 함께, ~와 나란히

5 Chuseok is not so much _____ _____ American thanksgiving.

한국의 추석은 미국의 추수감사절과 크게 다르지 않아요.

≪Hint≫ ~과 다른

정답 Exercise II   1. must be thrilled   2. I am afraid
                3. welcome   4. alongside of
                5. different from

Bonus

해외여행 중 호텔에 있다가 이제 거리에 나왔습니다.
지하철을 타려 합니다. 기본적인 표현입니다.

(in the street)

A Where is the nearest subway station?

B The subway entrance is around the corner of that building.

A Do they have a route map at the station?

B Yes, it's free. Just ask for it at the ticket window.

A Thank you. I can buy the ticket at the ticket window, huh?

B Well, you can buy it at the vending machine, too. Actually it's much faster.

(거리에서)

A 가까운 지하철역이 어디이지요?

B 저 건물 모퉁이 너머에 있습니다.

A 노선 지도가 있겠지요?

B 네 무료입니다. 창구에 가서 부탁하세요.

A 감사합니다. 창구에서 표도 살 수 있지요?

B 음... 표는 자동판매기에서도 살 수 있습니다. 사실, 그게 더 빠르지요.

❖ 외국에서 지하철은 참으로 고마운 존재입니다. 지하철 지도 하나만 가지고 있으면 이용하는 데 별 어려움이 없습니다. 대부분 가격도 저렴한 편이구요... 그런데 지난 번 런던에 갔더니 기본요금 2파운드를 받더라구요... 그러니까 4,200원 정도 하네요... 비싼 곳도 있는 것 같습니다. 미국에서는 지하철을 subway이지만 영국에서는 tube라고 하는 것을 이미 아시지요?

❖ 노선지도는 route map, 창구를 표현할 때 ticket window, 혹은 booth, 자동판매기는 vending machine입니다.

❖ 갈아타는 것은 transfer라고 합니다.
A: Where do I transfer? (어디서 갈아타죠?)
B: You should get off at the next station and transfer to the line number three.
   (다음 역에서 내려서 3 호선으로 갈아 타셔야 합니다.)

Wrap-up

1. What's all the fuss about this weekend?

- 이번 주말에 대해 왜 이리 야단법석이죠?
- fuss → 홍분, 야단법석, 소란
- make a fuss → 소란을 피우다

2. Chuseok is largely celebrated in Korea.

- largely → 크게, 널리, 많이, 대규모로
- celebrate → (특정한 날·사건을) 축하[기념]하다, 경축하다; (축하 행사·의식을) 거행하다, 올리다

3. Oh, I get it now.

- get= understand 구어체로 '이해하다'의 의미
- I can't get you. (무슨 말인지 네 말을 이해하지 못 하겠어.)

4. Sonpyun is usually stuffed with chestnut or honey.

- stuff → 채워넣다, 채우다
- It's half-moon shaped rice cake.

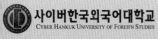
사이버한국외국어대학교
Cyber Hankuk University of Foreifn Studies

LESSON 5

They must miss you

Introduction

말하기 포인트

초대된 집에서 대화나누기.

유용한 표현

I've heard a lot about you from Minho.
On the right is my dad with the brown hair and chubby face.
They must miss you.

Warm-Up

B〉 Brainstorming 1-1

> **W** Is this Professor Johnson's home?
> **M** Yes, who is it? ....
> **W** This is Yumi.
> **M** How nice of you to come! Welcome!
> **W** Thanks for inviting me.
> **M** We've been waiting for you. This way.
> **W** Thank you.

이 상황을 한 단어로 쓰면 어떤 것일까요?

① 가족
② 초대
③ 결혼
④ 길 안내

B〉 Brainstorming 1-2

올바르게 묘사한 것은?

① 남자가 초청장을 발송하고 있다.
② 남자와 여자가 함께 초대 받았다.
③ 여자는 남자가 초대하지 않은 불청객이다.
④ 여자는 초대받아 지금 찾아가고 있는 것이다.

정답   Brainstorming I-1: ②
Brainstorming I-2: ④

B 〉 Brainstorming 2

다음 중 어느 집에 초대된 상황에서 통상 대화로 나올 법한 이야기를 모두 ☑하세요.

 I've been expecting you.

 Thank you for the invitation.

 Would you fill out this form, please?

 How nice of you to come.

 Where was it stolen?

 Let me show you around my house.

D 〉 Dialogue

Minho   Mom, dad, I'm home!

Minho's mom(MM) Hello sweetie. Oh, long time no see. You must be tired. Come in, come in. How was the drive?

Minho   Oh, it's bumper to bumper, as usual. By the way, I came with my friend James.

 Brainstorming II: I've been expecting you.
Thank you for the invitation.
How nice of you to come.
Let me show you around my house.

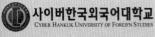
사이버한국외국어대학교
CYBER HANKUK UNIVERSITY OF FOREIFN STUDIES

He's from the States. James, my mom and dad. Mom, dad, this is James.

James Hello Mr. Kim and Mrs. Kim. Nice to meet you. I've heard a lot about you from Minho.

Minho's dad(MD) Nice to meet you too. So you live in Korea all by yourself?

James Yes, I live in Korea alone. I brought a photo to show you my family.

MD Oh, how thoughtful. Let's see it.

James Here, on the right is my dad with the brown hair and chubby face. He's an engineer. That's my mom on his right side. My mom's a teacher and is still working.

MM Oh, your parents seem so nice and kind. They must miss you.

James Yeah, I miss them too. Last time we talked, they said that they wanted to visit Korea.

MD Yes, please tell your parents to come and visit us if that's not troublesome.

James Yes, I will. Thank you for the invitation.

Minho Hey mom and dad, please sit here. I want to bow to you two.

MM Oh, Minho, that's not necessary.

Minho No, I insist. It's been a while since I've been home, so I want to give a proper hello.

MM Ok, then.

Minho Hey, James, watch me carefully cuz tomorrow we'll all be doing this bow at the service in the morning.

James All-right, I'll watch.

Minho Here, put your hands together like this, so that your left hand fingers cover your right hand fingers. Then you bend your knees to kneel down like this.

James Hmm, that looks difficult. So you kneel and put your hands on the floor. Then, you put your forehead on your hands, right?

Minho Right. Today, I bowed only once, but tomorrow we'll be doing it twice for every ancestor.

James Why is that?

Minho For the present relatives and parents, you bow only once for each person, but for the deceased you do it twice. That's just the way it is.

James Minho, why not just bow by bending your waist and neck? Why kneel down to your parents?

Minho Well, to show your utmost respect in conservative Korean society, the bow is the best way to go. Got it, buddy?

James Got it. What else is happening tomorrow?

Minho We meet the relatives and have long talks similar to North Americans on Thanksgiving, I guess.

James Yeah, we talk and talk and talk, cuz it is rare to have the whole family together at the same time. After all, there are some similarities and differences between the Chuseok and Thanksgiving holiday.

해 석

(그분들은 네가 보고 싶으실 거야.)

민호 어머니, 아버지, 저 왔어요!

어머니 그래, 얘야. 정말 오랜만이구나. 많이 피곤하지? 들어와, 들어와라. 운전은 어땠니?

민호 차로 꽉 막혀있었죠, 여느 때처럼요. 그런데, 제가 제 친구 제임스를 데리고 왔어요. 미국에서 온 친구에요. 제임스, 우리 엄마와 아버지이셔. 어머니, 아버지, 이 친구가 제임스에요.

제임스 안녕하세요. 어머니, 아버님. 만나 뵙게 돼서 반갑습니다. 민호한테서 두 분 얘기 많이 들었습니다.

아버지 나도 만나서 반가워요. 들어와요. 그런데 한국에는 혼자서 사나요?

제임스 네, 한국에서 저 혼자 살고 있습니다. 저희 가족을 보여 드리려고 사진을 한 장 가져왔어요.

아버지 오 참 사려 깊군요. 어디 봅시다.

제임스 여기, 오른쪽에 있는 갈색머리에 얼굴이 통통하신 분이 저희 아버지세요. 아버지는 엔지니어세요. 그리고 아버지 오른쪽에 계신 분이 저희 어머니세요. 어머니는 교사이신데 아직도 일을 하고 계세요.

어머니 부모님이 참 좋은 분들 같아요. 아들이 많이 보고 싶으시겠네요.

제임스 저도 부모님이 많이 그리워요. 저번에 부모님과 얘기했을 때, 부모님께서 한국에 오시고 싶다고 하셨어요.

아버지 그래요. 괜찮으시면 오셔서 우리 집에 오시라고 전해줘요.

제임스 네, 그러겠습니다. 초대해 주셔서 감사합니다.

민호 어머니, 아버지. 이쪽에 앉으세요. 두 분께 절을 드리고 싶어요.

어머니 민호야, 그럴 필요 없다.

민호 아니에요. 집에 온 지도 꽤 됐으니, 정식으로 인사를 올리고 싶어요.

어머니 그러면 그렇게 하려무나.

민호 제임스, 나를 잘 봐요. 내일 우리 모두 아침에 제사를 드릴 때 이 절을 해야 하니까요.

제임스 알겠어요. 잘 볼게요.

민호 여기, 손을 이렇게 함께 모아요. 왼손의 손가락들이 오른손 손가락들을 덮도록요. 그러고 나서 무릎을 꿇을 수 있도록 무릎을 굽혀요.

제임스 흠.. 어려워 보이네요. 무릎을 굽히고 양손을 바닥에 놓아요. 그리고 이마를 두 손에 대는 거, 맞아요?

민호 맞아요. 오늘 나는 한 번만 절을 했지만, 내일 우리는 각 조상님들께 두 번씩 절을 할 거에요.

제임스 왜 그렇죠?

민호 현재 살아계신 친지 분들과 부모님께는, 각 분들께 한 번씩만 절을 올리지만, 돌아가신 분들께는 두 번 절을 올려요. 그게 원래 방식이에요.

제임스 민호, 왜 그냥 허리와 목을 굽혀 절하지 않나요? 왜 부모님께 무릎을 굽히고 절하는 거예요?

민호 글쎄요, 보수적인 한국 사회에서 최고의 존경을 표현하기 위해서는, 절이 최고의 방법이에요. 이해하겠어요, 친구?

제임스 알겠어요. 내일 다른 일도 하나요?

민호 북미의 추수감사절과 마찬가지로, 우리도 친지들을 만나서 긴 얘기를 나눠요.

제임스 네, 우리도 끊임없이 얘기를 하죠. 온 가족이 동시에 함께 모이는 것이 드문 일이니까요. 어쨌든, 추석과 추수감사절과는 유사점도 있고 차이점도 있군요.

사이버한국외국어대학교
CYBER HANKUK UNIVERSITY OF FOREIFN STUDIES

C › Comprehension

1. 민호와 James는 어디에 방문했는지요?

① 민속촌   ② 고궁

③ 박물관   ④ 민호의 고향집

2. 맞는 것을 고르세요.

① James와 그의 부모가 민호 집에 방문하고 있다.

② James는 절하는 방법을 배운다.

③ 성탄절을 지키는 방법은 한국이나 북미지역이나 대체로 동일하다.

④ James는 한국의 추석에 익숙하다.

정답 Comprehension: 1. ④ 2. ②

사이버한국외국어대학교
CYBER HANKUK UNIVERSITY OF FOREIFN STUDIES

Coffee Break

잠시 머리를 식히면서 쉬었다가 갈까요?

School Bus

노란 스쿨버스... 여러분 아동들을 태우는 버스를 왜 노란색으로 칠하는 줄 아시지요? 가장 눈에 잘 띄기 때문인데요, 미국에 가보니 모든 학교 버스는 노란색 일색이었습니다. 미국의 공립학교는 초등학교에서 고등학교까지 스쿨버스로 학생들을 수송한답니다. 오히려 사립학교는 스쿨버스를 운행 안 해 학부모들이 태워다 주는 경우가 많고요.

미국에서 운전하면서 인상 깊었던 것 중 하나입니다. 앞서가는 노란 스쿨버스가 학생을 태우고 내리기 위해서 정차할 때 미국에서는 어떤 경우에도 뒤의 차량들이 이 버스를 지나쳐 갈 수 없습니다. 스쿨버스가 다시 움직일 때까지 뒤에서 기다려야 합니다. 이는 왕복 2차선은 물론 4차선에서도 마찬가지입니다. 마주 오는 차량들도 동일하게 해당됩니다. 그러니까 스쿨버스가 서면 이쪽저쪽 방향의 차들이 모두 서는 것입니다. 도로가 2차선이든 4차선이든 말입니다. 저는 맨 처음 양 쪽 방향의 차량들이 다 정차하는 이런 광경을 보고서 매우 충격을 받았습니다. 학생들의 안전을 철저히 고려한 미국인들의 사고방식입니다. 만약 이를 어기면 매우 양식 없는 행위로 간주되며 버스 운전기사에 의해 바로 고발됩니다. 학생들에 대한 미국인들의 관심과 염려를 볼 수 있는 대목입니다.

스쿨버스 안에서도 학생들의 안전을 위해 엄정한 규칙이 적용되지요. 예를 들면 버스 안에서 서 있는 것이라든지, 떠드는 것이라든지, 손을 창 밖에 내민다든지 등등은 엄격히 제한되고 버스운전기사는 위반하는 학생들에겐 교칙에 따라 조치하며 그 부모들에게 협조가 있도록 연락을 취합니다.

왕복 2차선인 지방도로에서 스쿨버스가 가면 그 뒤에 모두 졸졸 따라가는 차량들을 본 적이 있습니다. 경적을 울리거나 조급해 하지 않고 또 중앙선을 넘어 추월하지 않고 스쿨버스가 서면 뒤에서 기다려주며 버스가 움직이면 또 움직이는 그 모습이 매우 인상적이었습니다.

Main Study

E 〉 Expression I

❶ Long time no see. (오랜만이에요.)

▶ 오랫동안 보지 못하다가 만났을 때 쓰는 표현.

= I haven't seen you in ages.

= It's been a long time.

= I haven't seen you for years.

❷ It's bumper to bumper, as usual. (여느 때처럼, 자동차가 줄지어 꽉 막혀있었어요.)

▶ bumper to bumper → (자동차가) 꼬리를 문

▶ bumper to bumper traffic → 교통 체증

▶ as usual → 여느 때처럼, 평소대로, 늘 변함없이

▷ The cars in the downtown were parked bumper to bumper. (시내에 있는 차들은 줄 지어서 주차되어 있었다.)

▷ He was late, as usual. (그는 여느 때처럼 지각했다.)

▷ As usual, he arrived an hour late. (그는 평소와 다름없이 1시간 늦게 왔다.)

❸ I've heard a lot about you from Minho. (민호로부터 당신에 관한 이야기를 많이 들었어요.)

▶ 처음 만난 사람에게 흔히 하는 표현입니다.

hear about ~ → ~에 관해 이야기를 듣다.

hear from ~ → ~로부터 이야기를 듣다.

▷ hear about you from Minho. (민호로부터 당신에 관해 이야기를 듣다.)

❹ So you live in Korea all by yourself? (그럼 한국에 혼자 살아요?)

▶ (all) by oneself → 자기 혼자서, 홀로

▶ for oneself → 스스로 힘으로 (궁극적으로 자신을 위하는 일)

▶ in itself → 본래, 그 자체로

▶ beside oneself → 제정신이 아닌

▶ in spite of oneself → 자신도 모르게

▷ I went to my grandfather's in the country by myself. (나는 시골 할아버지 댁에 혼 자서 갔다.)

▷ I did my English homework for myself. (나는 영어 숙제를 혼자 힘으로 했다.)

▷ Every living thing has a significance in itself. (모든 생명체는 그 자체로 의미가 있다.)

▷ The man must be beside himself to say such a word to his boss. (자기 상사에게 그런 말을 하다니 그는 제 정신이 아닌 게 틀림없다.)

▷ I turned back in spite of myself when she called me. (그녀가 나를 불렀을 때 나는 나도 모르게 뒤를 돌아봤다.)

❺ How thoughtful! (참 사려 깊군요.)

▶ thoughtful → 사려 깊은, 신중한, 조심성 있는, 친절한

    ▷ Andy gave me a thoughtful gift. (앤디는 나에게 정성어린 선물을 주었다.)

▶ 감탄문 만들 때 how를 쓰면 바로 형용사, 부사가 나오고 주어, 동사의 순.
what을 쓰면 what 다음에 형용사, 명사가 오고 주어, 동사의 순.

    ⇒ How + 형 (부) + 주 + 동! / What + a + 형 + 명+ 주 + 동!

    How thoughtful you are! 너 정말 생각이 깊구나! (= How thoughtful!)

    What a wonderful day it is! 정말 멋진 날이구나! (=What a day!, What a wonderful day!)

▶ 사람의 성격을 나타내는 형용사에는 전치사 of를 사용.

    ▷ It's very kind of him! (그는 정말 친절하다!)

    ▷ How thoughtful of you! (당신은 정말 사려깊다!)

❻ On the right is my dad with the brown hair and chubby face. (오른쪽에 계신 갈색머리에 얼굴이 통통하신 분이 저희 아버지입니다.)

▶ chubby ⇒ (사람·얼굴 등이) 토실토실 살찐, 오동통한

    ▷ The baby has such a cute chubby cheek. (그 아기는 볼이 통통해.)

▶ <u>My dad with the brown hair and chubby face</u> <u>is</u> <u>on the right</u>.

                        (1)   (2)   (3)

순서가 도치되어 (3) (2) (1)로 바뀌었음.

▶ My son with a hat on is on the right.

    → On the right is my son with a hat on.

❼ They must miss you. (그들은 너를 그리워하실 거야.)

▶ 여기서 must는 강한 추측의 의미로 '~임에 틀림 없다'라는 뜻으로 사용되며 이 때의 부정문은 cannot(~일리가 없다)을 사용.

▶ 과거 일을 표현할 때 must have p.p는 '~이었음에 틀림없다'의 의미만 가지게 되고, should have p.p가 '~했어야 했다'는 의미로 쓰인다.

    ▷ You must be joking. (틀림없이 농담하시는 거죠?)

▷ The trip must have been very interesting. (그 여행은 틀림없이 재미있었을 거다.)

▷ You must have hated it. (너는 그것을 혐오했던 게 틀림없다.)

❽ Please tell your parents to come and visit us if that's not troublesome. (부모님께서 괜찮으시다면 한국에 오셔서 저희를 방문해 달라고 전해주세요.)

▶ troublesome → 귀찮은, 성가신, 힘드는, 곤란한

　　▷ He is such a troublesome man. (그는 정말 귀찮은 사람이에요.)

　　▷ She was complaining about a troublesome chore. (그녀는 힘든 일에 대해 불평을 하고 있었다.)

❾ I want to bow to you two. (두 분께 절을 하고 싶어요.)

▶ bow → 허리를 굽히다, 절하다, 절, 경례/ 활, 활 모양으로 휘어지다

▶ make a bow to~ → ~에게 절[인사]하다

▶ return a bow → 답례하다

▶ you two → 부모님 두 분을 가리키는 말.

　　▷ He bows to his boss. (그는 그의 상관에게 머리 숙여 인사한다.)

　　▷ I made a bow to my parents. (나는 부모님께 절을 했다.)

Q POP QUIZ Ⅰ ·······························

Q1 다음 중 뜻이 다른 하나는?

① It's been a long time.
② Long time no see.
③ I haven't seen you in ages.
④ You have been here for a long time.

≪Hint≫ '오랜만에 본다'는 뜻이 아닌 것을 고르세요.

Q2 다음 빈 칸에 들어가야 할 알맞은 조동사는?

If the book is not here, Brian (   ) have taken it.

① cannot
② should
③ must
④ could

≪Hint≫ 강한 추측(~했음에 틀림없다)을 나타내는 조동사.

정답 Pop Quiz I: 1. ④ 2. ③

E ▶ Expression II

❿ I insist. (꼭 하겠어요.)

  ▶ insist → 강력히 주장하다, 우기다

  자신의 의지를 표현할 때 간단하게 많이 쓰는 표현.

  주장, 명령, 제안 등의 의미를 가진 동사가 절을 이끌 때 '~이라는 것을 강력히

  주장, 요구한다'는 의미. 이 때 종속절에 should를 사용하며 should는 생략가능.

  ▷ He insisted on the accuracy of the data. (그는 데이터가 정확하다고 주장했다.)

  ▷ She insisted that her daughter (should) always come home early. (딸은 언제나 일찍

    귀가해야 한다고 그녀는 고집했다.)

⓫ It's been a while since I've been home. (집에 왔던 것이 꽤 되었어요.)

  ▶ since는 '~이래로 계속'이라는 의미를 담고 있으므로 주절에 현재 완료와 같이 쓰임.

  ▶ a while → 잠깐 동안, (짧은) 시간, 기간

  ▶ all the while 그 동안 내내, …하는 동안 줄곧

  ▶ at whiles 가끔, 때때로.

  ▶ once in a (great) while 이따금, 드물게.

  ▷ I've been waiting for you for a while. (너를 한동안 기다리고 있었어.)

  ▷ I go fishing once in a while. (나는 가끔씩 낚시를 간다.)

⓬ I want to give a proper hello. (정식으로 인사를 올리고 싶어요.)

  ▶ proper → 적합한, 타당한, 지당한

  ▶ hello → 인사

  ▷ He is the proper person for the job. (그는 그 일에 적임자이다.)

  ▷ It is not proper for you to talk that way. (그런 식으로 말을 해선 안 된다.)

⓭ You bend your knees to kneel down like this. (꿇어앉을 수 있도록 이렇게 무릎을 굽혀라.)

  ▶ bend → 구부리다, 굽히다, ~에 굴복시키다

  ▶ bend one's head → 고개를 숙이다

  ▶ bend one's neck → 고개를 떨구다/ 굴복하다

  ▶ bend one's brows → 이맛살을 찌푸리다.

  ▶ kneel (down) → 무릎을 대다, 무릎을 굽히다

  ▶ kneel down in prayer → 무릎을 꿇고 기도하다

사이버한국외국어대학교
CYBER HANKUK UNIVERSITY OF FOREIFN STUDIES

▶ kneel to a person → 남 앞에 무릎 꿇다

  ▷ Take care not to bend the photos. (그 사진들을 접지 않도록 주의하세요.)

  ▷ The road bends to the left. (그 길은 왼쪽으로 구부러진다.)

❹ That's the way it is. (원래 그런 거예요.)

▶ the way it is → 그것이 되어지는 방법

▶ the way I did it → 내가 그것을 하는 방법

  ▷ This is the way I did it. (나는 그것을 이런 방식으로 했다.)

❺ to show your utmost respect in conservative Korean society. (보수적인 한국 사회에서 최대의 존경심을 표현하기 위해서는...)

▶ utmost → 최대의, 극도의

▶ at (the) utmost → 기껏해야

▶ do [try, exert] one's utmost → 전력을 다하다

▶ get the utmost out of → ~을 최대한 활용하다

▶ conservative → 보수적인, 전통적인

  ▷ I will give the matter my utmost attention. (나는 그 문제에 최대의 주의를 기울이겠다.)

  ▷ He ran with the utmost effort. (그는 최대한의 노력으로 달렸다.)

❻ Got it, buddy? (알겠어, 친구?)

▶ get it → 구어체로 understand와 같은 뜻. 이해하다, 알다

▶ buddy → 친밀하게 동료나 친구를 부르는 말.

  ▷ I got it. (알겠어. 이해했어.)

❼ It is rare to have the whole family together at the same time. (온 가족이 동시에 한 자리에 모이는 것은 드문 일이에요.)

▶ rare → 드문, 좀처럼 없는(= uncommon)

▶ rarely → 드물게/ 빈도부사이므로 일반 동사 앞, 조동사, be동사 뒤에 위치.

▶ at the same time → 동시에(simultaneously)

  ▷ It is rare for her to get angry. (그녀가 화내는 일은 좀처럼 없다.)

  ▷ It is rare for him to go out. (그가 외출하는 것은 드문 일이다.)

❽ There are similarities and differences between Chuseok and Thanksgiving holiday. (추석과 추수감사절 사이에는 유사점도 있고 차이점도 있어요.)

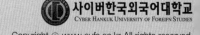

▶ similarities and differences between A and B → A와 B사이의 유사점과 차이점

▶ similar to → ~과 유사한

▶ different from(to, than) → ~과 다른

▷ Her coat is similar in color to mine. (그녀의 코트 색은 내 것과 비슷하다.)

▷ Your opinion is similar to mine. (당신의 의견은 내 의견과 비슷하다.)

▷ Their way of life is different from ours. (그들의 생활양식은 우리와는 다르다.)

▷ They are not very different from each other in character. (그들은 성격이 서로 별로 다르지 않다.)

Q POP QUIZ II ⋯⋯⋯⋯⋯⋯⋯⋯⋯⋯⋯⋯⋯⋯⋯⋯⋯⋯⋯⋯⋯⋯⋯

Q1 '원래 그런 거예요'의 의미가 되도록 (   )안에 들어갈 알맞은 것은?

> That's the (   ) it is.

① road
② way
③ method
④ street

≪Hint≫ 관용적으로 자주 쓰이는 말입니다. the way it is → 자연 그대로

Q2 다음 중 rarely의 위치가 가장 합당한 곳은?

> I ① go ② shopping ③ because I ④ am in a tight budget.

≪Hint≫ 빈도부사는 일반동사 앞에 위치

정답 Pop Quiz II: 1. ② 2. ①

E 〉 Exercise I

다음과 같은 뜻이 되도록 제시된 단어를 적절한 순서로 채워 보세요.

1 '부모님께서 귀찮지 않으시다면 한국에 오셔서 저희를 방문해 달라고 전해주세요.'

> that's, visit, troublesome, us, if, not
> Please tell your parents to come and (　　) (　　) (　　) (　　) (　　) (　　).

《Hint》 if절로 이끄는 문장이 되도록... '귀찮은 일'은 'troublesome'

2 '집에 온 지 꽤 지났어요.'

> since, home, I've, a, been, while
> It's been (　　) (　　) (　　) (　　) (　　) (　　).

《Hint》 얼마간 'a while'

3 '원래 그런 거에요.'

> the, is, way, that's, it
> (　　) (　　) (　　) (　　) (　　).

《Hint》 the way → ~인 방식

4 '온 가족이 동시에 한 자리에 모이는 것은 드문 일이에요.'

> at, the, together, same, the, whole, time, family
> It is rare to have (　　) (　　) (　　) (　　) (　　) (　　) (　　) (　　).

《Hint》 at the same time → 동시에

5 '오른쪽에 계신 갈색머리에 얼굴이 통통하신 분이 저희 아버지입니다.'

> and, face, with, the, hair, chubby, brown
> On the right is my dad (　　) (　　) (　　) (　　) (　　) (　　) (　　).

《Hint》 '~을 가진'은 with전치사구로, 통통한 얼굴은 'chubby face'

정답　Exercise I　1. visit us if that's not troublesome　2. a while since I've been home
　　　　　　　　3. That's the way it is　4. the whole family together at the same time
　　　　　　　　5. with the brown hair and chubby face

E 〉 Exercise II

의미가 통하도록 알맞은 말을 넣어보세요.

1 The cars in the downtown were parked ＿＿ ＿＿ ＿＿.

시내에 있는 차들은 줄지어서 주차되어 있습니다.

≪Hint≫ 줄지어서 → bumper to bumper

2 So do you live in Korea all ＿＿ ＿＿?

그럼 한국에 혼자 살아요?

≪Hint≫ 자기 혼자서, 혼자 힘으로 → by oneself

3 Bend your knees to ＿＿ ＿＿ like this.

꿇어앉을 수 있도록 이렇게 무릎을 굽혀라.

≪Hint≫ 무릎을 굽히다 → kneel

4 I will give the matter my ＿＿ ＿＿.

나는 그 문제에 최대의 주의를 기울이겠다.

≪Hint≫ '최대의' → utmost, '주의' → attention

5 There are ＿＿ ＿＿ ＿＿ ＿＿ Chuseok and Thanksgiving.

추석과 추수감사절 사이에는 유사점도 있고 차이점도 있어요.

≪Hint≫ similarities and differences between A and B

정답 Exercise II　　1. bumper to bumper
　　　　　　　　　　2. all by yourself
　　　　　　　　　　3. kneel down
　　　　　　　　　　4. utmost attention
　　　　　　　　　　5. similarities and differences between

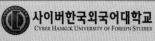

아무래도 외국에서 택시는 길을 모르는 이방인들에게 유용한 수단입니다.
다음은 길을 물어볼 때와 택시를 탈 때 흔히 있을 수 있는 대화내용입니다.

A   Where can I catch a taxi?

B   Right there. Can you see the taxi stand?

A   Yes. Thank you.

(In a taxi)

C   Where to, sir?

A   Please take me to the Central Post Office.
       How much will it be?

C   It will be about nine dollars.

A   OK, fine.

(pause)

A   Oh, turn right at the next corner... and let me off over there, please.

C   Sure.

A   Thanks. How much is it?

C   It's $9.10.

A   Here you go. Keep the change.

C   Thank you, sir.

사이버한국외국어대학교
CYBER HANKUK UNIVERSITY OF FOREIFN STUDIES

A   택시는 어디서 타지요?

B   바로 저기요, 택시 타는 곳이 보이세요?

A   알겠어요. 감사합니다.

(택시 안에서)

C   어디로 갈까요?

A   중앙우체국으로 데려다 주세요. 비용은 얼마나 됩니까?

C   9달러 정도입니다.

A   알겠습니다.

(휴지)

A   다음 코너에서 우회전이요... 저기서 내려주세요.

C   네.

A   감사합니다. 얼마지요?

C   9달러 10센트입니다.

A   여기 있습니다. 잔돈은 가지세요.

C   감사합니다.

❖외국에서 택시를 탈 때는 뉴욕시의 경우 우선 좀 삭막한 느낌이 듭니다. 차 안에 들어가면 승객석과 운전석 사이에 분리대가 서 있습니다. 택시강도를 방지하려는 뜻 일겁니다.

❖뉴욕 시의 택시는 모두 노란 색깔로 되어 있습니다. 그래서 yellow cab이라고도 합니다. 'take a cab' 하면 '택시를 타다' 입니다. 택시를 'cab'이라고도 하지요. 맨해튼의 만인의 사랑받는 택시이지요...

❖아무래도 외국에서 택시는 길을 모르는 이방인들에게 유용한 수단입니다. 값이 비싼 것만 빼고요... 또, 팁을 주는 것이 잘 익숙하지 않지만 택시기사에게 목적지에 다다라서는 팁을 주어야 합니다. 보통 택시비의 10% 정도입니다.

•taxi = cab
    특별히 yellow cab은 유명한데 이는 뉴욕시의
    택시를 이르는 말 (뉴욕시의 택시는 모두 노란색입니다)

•take a taxi = catch a taxi → 택시를 타다

•Please take me to ~ → ~로 데리고 가다

•Let me off over there, please. → 저기서 내려 주세요.

•Keep the change. → 잔돈 그냥 가지세요.
    9달러 10센트가 차비이니 10달러를 내면 90센트가 팁인 셈입니다.

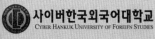

사이버한국외국어대학교
CYBER HANKUK UNIVERSITY OF FOREIFN STUDIES

Wrap-up

1. I've heard a lot about you from Minho. (민호한테서 두 분 얘기 많이 들었습니다.)

   - hear about: ~에 관하여 이야기를 듣다.
   - hear from: ~로 부터 이야기를 듣다.

2. On the right is my dad with the brown hair and chubby face.
   (오른쪽에 있는 갈색머리에 얼굴이 통통하신 분이 저희 아버지세요.)

   - on the right: 강조되어 도치됨.

3. They must miss you. (많이 보고 싶으시겠네요.)

   - must: ~임에 틀림없다 <강한 추측>

LESSON 6

It is so vivid in my memory

Introduction

말하기 포인트

과거를 회상.

유용한 표현

I can still clearly remember the day that we made it into the semi-finals.
It is so vivid in my memory.
I think he will be remembered as a legend in Korean soccer history for a long time.

Warm-Up

B 〉 Brainstorming 1-1

(Cheering in a stadium)
M Come on, Big Choi.
W Yea, Big Choi, you can do it. Come on.
M He's the best Korean hitter in the major leagues.
W I know he is. He's a slugger who is making a big impression.

(운동장에서 응원하면서)
M 빅 초이 파이팅.
W 그래, 빅초이 넌 할 수 있어. 화이팅.
M 그는 메이저리그의 가장 우수한 타자이지요.
W 물론입니다. 강타자이구요, 강한 인상을 주고 있어요.

What are they doing?

① They are hitting each other.
② They are cheering a sportsman.
③ They are eating big hamburgers.
④ They are arguing against each other.

B 〉 Brainstorming 1-2

위 대화에 맞는 것은?

① 두 사람은 Big Choi가 자신들에게 오기를 바란다.
② Big Choi는 무언가를 만들고 있다.
③ Big Choi는 축구선수 이름이다.
④ Big Choi는 요즘 잘 하고 있다.

 정답 | Brainstorming I-1: ②
Brainstorming I-2: ④

B 〉 Brainstorming 2

말이 되도록 괄호 안에 넣어 문장을 완성해 보세요.

semi-finals,   unexpected,   spread,   Red waves,   players

① The millions of (   ) rolled throughout Korea in 2002.
② The Korean team made it's amazing march to (   ).
③ The soccer fever (   ) to every corner of Korea.
④ All Korean (   ) from North and South marched together under a single flag.
⑤ The 2002 World Cup produced many (   ) results besides the Korea reaching the semi-finals.

D 〉 Dialogue

Minho   Hey Sunmi, do you want to do something this Saturday?
Sunmi   Like what?
Minho   Let's go to Sang-ahm stadium to watch K-league.

정답 Brainstorming II: ① Red waves   ② the semi-finals
        ③ spread   ④ players
        ⑤ unexpected

Sunmi   Sure, sounds good to me.

(Two people are at Sang-ahm stadium.)

Sunmi   Wow, this place is awesome!

Minho   I know. This place is huge and has great facilities. Being at the stadium reminds me of the time when the Korean team was playing in the World Cup.

Sunmi   Yeah, those were great times. Do you have a specific match in mind?

Minho   It's a long time ago, but I can still clearly remember the day that we made it into the semi-finals.

Sunmi   Yeah, it is so vivid in my memory too. The Korean team was amazing.

Minho   Did you ever have a chance to cheer with everyone on Kwang-hwa-moon street?

Sunmi   Ah, that street cheering crowd of Reds fans? No, I didn't get a chance to go there.

Minho   Then, where did you watch the games?

Sunmi   I watched the big games with my co-workers at a local sports bar. How about you?

Minho   I am so into soccer that I had to go down to Kwang-hwa-moon with the Reds every time there was a match.

Sunmi   Wow, it must have been an overwhelming feeling being with that crowd of the Reds.

Minho   Yeah, it was and it still is a great memory. Those people were so excited and pumped-up about supporting the Korean soccer team.

Sunmi   Those cheering people with the red t-shirts are called the Red Devils, aren't they?

Minho   Yes, their spirit and love of soccer is indescribable.

Sunmi   I know. Who do you like the best amongst the Korean players?

Minho   I like all of the players but if I have to choose, I'd say Park Jisung.

Sunmi   Oh, I like him, too. He seems so dependable. But, personally, I prefer Kim Nam-il. He's so handsome and plays tremendously well.

Minho   I also like the head coach from Netherlands, Mr. Hiddink. I think he will be remembered as a legend in Korean soccer history for a long time.

Sunmi   Oh, that's true. By the way, what will be the prospects on Korean soccer team in the future?

Minho   Well, I don't know.

Sunmi   Hey, let's cross our fingers and wish that the Korean team does well.

해 석

민호   안녕 선미, 이번 주 토요일에 뭐 하고 싶은 거 있어요?

선미   예를 들어 어떤 것이요?

민호   상암 경기장에 K리그 보러 갑시다.

선미   네, 좋아요.

(두 사람은 상암 경기장에 있다.)

선미   이야, 여기 정말 멋지군요!

민호   그러게요. 여기 규모도 크고 시설도 훌륭해요. 여기 경기장에 있으니, 월드컵 때 한국팀이 경기했을 때가 생각나네요.

선미   네, 그때 굉장했어요. 특별히 생각나는 경기 있어요?

민호   오래 전 이야기이지만, 준결승전 날이 생생히 기억이 나네요.

선미   그래요, 나도 정말 그때 기억이 생생해요. 한국팀 대단했었어요.

민호   광화문 거리에서 모두 함께 응원했던 적 있어요?

선미   오, 그 광화문 거리의 붉은 악마 축구팬 무리들 말이죠? 아니요, 난 거기 갈 기회는 없었어요.

민호   그럼, 어디서 경기 관람했어요?

선미   중요한 게임은 동료들이랑 근처 스포츠 바에서 봤어요. 민호 씨는 어땠어요?

민호   난 축구에 아주 푹 빠져 있어서 매회 경기가 있을 때 마다 붉은 악마랑 광화문까지 갔었어요.

선미   우와, 붉은 악마랑 같이 있었으면 정말 대단했겠어요.

민호   맞아요. 그랬지요. 지금까지도 좋은 추억이지요. 그때 사람들이 엄청 신났고, 한국 축구팀 응원으로 흥분의 도가니였어요.

선미   그 빨간 티셔츠를 입고 응원하던 사람들이 붉은 악마들이죠?

민호   네, 붉은 악마의 축구에 대한 사랑과 정신은 말로 다 표현할 수 없을 정도예요.

선미   그렇습니다. 한국축구 선수 중 누구를 가장 좋아합니까?

민호   모두 다 좋지만, 가장 좋은 선수를 꼽으라면 박지성 선수입니다.

선미   나도 좋아해요. 듬직해 보여요. 하지만, 개인적으로 나는 김남일을 좋아해요.
  얼굴도 잘생기고, 경기도 굉장히 잘합니다.

민호   난 또 네덜란드 출신의 국가 대표 감독 히딩크를 역시 좋아해요. 한국 축구 역사상에 오랫동안 전설로 기억될 겁니다.

선미   사실이예요. 그런데, 향후 한국 축구팀의 전망은 어떨까요?

민호   잘 모르겠어요,

선미   우리 한국팀이 잘 하도록 건투를 빕시다.

C Comprehension

1. 다음 대화 내용과 틀린 것은 어느 것인지 고르세요.

① Minho and Sunmi are talking about World Cup 2002.

② Minho and Sunmi went to Sang-ahm stadium to watch the game in 2002.

③ Minho and Sunmi agree that Mr. Hiddink was the great coach for the team.

④ Minho and Sunmi are excited when they are now in the stadium.

2. 다음 대화 내용과 맞는 것은 어느 것인지 고르세요.

① Sunmi thinks Mr. Hiddink is a good player.

② Minho's favorite player is Song, Jong-gook.

③ Minho went to Kwang Hwa Moon to cheer with the Reds.

④ Minho surely thinks Korean team can make it into another semi-finals in the next World Cup.

정답 Comprehension: 1. ② 2. ③

사이버한국외국어대학교
CYBER HANKUK UNIVERSITY OF FOREIFN STUDIES

Coffee Break

잠시 머리를 식히면서 쉬었다가 갈까요?

Fighting?

지난 2002년 6월 월드컵 당시 한국은 Fighting이란 말을 곳곳에서 들을 수 있었습니다. 한 통신회사는 자사의 영문 이니셜에 이것을 넣어 광고하기도 했습니다.

그러나 fighting은 영어단어 임에도 우리가 쓰는 방식대로 쓰지 않는, 그러니까 전혀 영어적인 표현은 아닙니다.

한 원어민에게 우리가 쓰는 특유의 제스처를 사용하면서 Fighting! 하면 그 원어민은 아마도 얼굴을 찡그리면서 What? What do you want me to do?(뭐라고? 나보고 어떻게 하라는 겁니까? 그러니까 싸우자는 이야기입니까?) 할 것입니다.

그럼, 우리가 쓰는 Fighting을 원어민은 어떻게 표현 할까요? 제가 유학시절 있었던 Buffalo시는 Buffalo Bills라는 풋볼 팀을 가지고 있는 도시였습니다. 우리는 통상 미국의 풋볼 팀 가운데 'Dallas Cowboy'를 잘 알고 있는데, Buffalo Bills는 91년도에서 94년도까지 연속해서 AFC의 챔피언이었고 4년간 연속해서 수퍼볼에 진출한 강팀이었지요. 수퍼볼에 진출한 것만으로도 대단한데 그것도 4년 동안이나 수퍼볼에 연속 진출함은 정말 대단한 것이지요... 제가 유학을 92년도에 갔으니 전성기에 제가 그곳에 있었던 셈이네요. 그 바람에 저도 미식축구의 묘미를 알고 중계방송을 보면서 흥분하곤 했습니다. 마치 한국복싱선수가 세계타이틀매치를 할 때의 그 흥분, 요즘의 상황으로 하면 월드컵에서 우리 팀이 경기할 때의 그 흥분을 느꼈었답니다.

미국의 미식축구는 가을과 겨울에 경기를 가지며 최종 승자를 가리는 수퍼볼은 1월에 열립니다. Buffalo의 추위는 대단한 곳인데 Buffalo 시민들은 눈과 추위에 아랑곳 않고 경기장에 나가 응원함을 볼 수 있습니다. 대형 수퍼마켓은 매장 곳곳에 격문을 써 놓고, 모든 종업원들도 Bills의 운동복을 입고 근무를 하는 등 도시 전체가 떠들썩합니다.

그 매장에 써 놓은 격문은 바로 이것이었습니다. Go, Bills! 이것은 우리가 이야기하는 Fighting, Bills!와 동일한 의미입니다.

이외에도 Come on, Bills! 등도 가능합니다. Fighting은 한국에서만 쓰이는 영어입니다.

114

Main Study

E Expression I

❶ Like what? (예를 들어 어떤 것입니까?)

▶ (구체적으로) 어떤 것을 의미하는지 물어 볼 때 일상생활에서 매우 자주 사용하는 표현.

A: I really enjoy myself going to various exhibitions. (난 다양한 전시회에 가는 게 정말 좋아)

B: Like what? (예를 들면 어떤 것?)

A: I like to appreciate paintings of Chagall and other great painters in the West. (난 샤갈이나 다른 서양의 훌륭한 화가들의 그림을 감상하는 걸 좋아해.)

❷ Sounds good to me. (난 좋아요.)

▶ 기본적으로 상대방의 제안에 가볍게 응할 때 쓰는 것으로 yes 의 의미.

A: How about having lunch on Saturday? (토요일에 점심 먹는 거 어떠니?)

B: Sounds good to me. (난 좋아.)

▷ That's great to me. That's fine with me. Perfect! 모두 상대의 제안에 응할 때 사용할 수 있다.

❸ This place is awesome! (여기 정말 괜찮아요.)

▶ "awesome"은 젊은 사람들 사이에서 많이 쓰는 단어로, 원래의 의미는 '경외케 하는'이나, 어떤 것이 아주 마음에 꼭 들 때 '근사한' '멋진'의 의미로 사용.

awesome = terrific = fantastic = wonderful

A: How do you like the dress your sister in New York sent you? (뉴욕에 있는 네 언니가 보내 준 드레스 마음에 드니?)

B: That's awesome. I love both color and style. (근사해. 색깔이랑 스타일 모두 마음에 들어.)

❹ Being at the stadium reminds me of the time when ~ (스타디움에 있다는 사실이 내게 ~하는 시간을 생각나게 합니다.)

▶ remind A of B → A에게 B를 생각나게 하다.

A: Oh, that scene reminds me of the time I was in Venice in 2002. (아, 저 장면은 2002년에 내가 베니스에 있던 때가 생각나게 해.)

B: Right. You went on a trip to a couple of European countries with Jane. (맞아. 넌 제인이랑 유럽의 몇 개국을 여행했었지.)

❺ Do you have a specific match in mind? (특별히 염두에 두고 있는 경기 있어요?)

▶ have A in mind → A를 염두에 두다.　specific 뚜렷한, 구체적인

❻ I can still clearly remember the day that we made it into the semi-finals. (나는 우리가 준결승에 진출한 날을 기억합니다.)

▶ clearly → (부사) 동사 remember를 수식, vividly도 가능

▶ semi-finals → 준결승전, finals → 결승전

▶ We made it (in)to the semi-finals. = We advanced to the semi-finals. 준결승에 진출했다.

❼ It's so vivid in my memory. (아직도 기억에 선합니다.)

= I have clear memory of that day.

▶ vivid in one's memory = fresh in one's memory → 기억에 생생한

▶ a vivid description → 생생한 묘사

❽ Did you ever have a chance to cheer with everyone on Kwang-hwa-moon street? (광화문거리에서 모두 응원할 기회가 있었는지요?)

▶ '과거형 + ever' 꼴은 현재완료의 경험의 의미가 있습니다. 즉 '~했던 적이 있느냐'의 의미입니다.

▷ Did you ever experience such a big shock? = Have you experienced such a big shock? (그렇게 큰 충격을 받은 적이 있었니?)

❾ No, I didn't get a chance to go there. (거기에 갈 기회는 없었습니다.)

▶ get a chance to~ =have an opportunity to~ (~할 기회를 가지다. ~할 수 있다.)

▷ By visiting Louvre museum I had myself a chance to better appreciate art paintings of the 18th in French society. (루브르 박물관에 가 봄으로써 나는 18세기 프랑스 사회의 그림들에 대해 더 잘 감상할 수 있는 기회를 가졌다.)

Q　POP QUIZ I

Q1 제안에 응하는 것으로 다음 빈칸에 들어갈 말로 가장 적절한 것은 무엇인가요?

A　How about going on a picnic in the afternoon?
B: _____

① Like you?
② Right.
③ That's all.
④ Sounds good to me.

≪Hint≫ 제안에 응하는 표현.

Q2 빈 칸에 들어갈 가장 적적한 전치사를 고르세요.

He reminds me (　　) the car accident.

① for
② of
③ to
④ on

≪Hint≫ remind A of B → A에게 B를 생각나게 하다.

정답 Pop Quiz I: 1. ④　2. ②

E 〉 **Expression II**

❿ How about you? (당신은 어떤가요?)

▶ =What about you?

A: I am going to get some coffee at Dunkin Donuts. (던킨 도넛에서 커피 마시려고 합니다.) How about you? (커피 어떠세요?)

B: Great. I will have some Latte. (좋아요. 저는 라테 먹겠어요.)

⓫ I am into soccer. (나는 축구 경기에 푹 빠져 있다.)

▶ I am into jazz music. = I am crazy about jazz music.

(be into ~: ~에 매료되다.)

매우 구어체적인 표현.

⓬ It must have been an overwhelming feeling. (전율이 느껴졌을 것입니다.)

▶ overwhelm → 압도하다

▶ must have been (p.p.) ~ : ~이였음에 틀림없다.

▷ That party must have been a lot of fun. 그날 (파티는 무척 재미있었을 것이다.)

⓭ Their spirit and love of soccer is indescribable. (축구에 대한 사랑과 정신은 표현할 수 없다. (즉, 표현하기 힘들 정도로 많이 좋아한다는 의미))

▶ be indescribable = be beyond description

▶ describe 표현하다. 묘사하다. = express, depict

▶ describable 표현 가능한

⓮ I think he will be remembered as a legend in Korean soccer history for a long time. (그는 오랫동안 한국의 축구역사에 전설로 기억될 것이다.)

▶ 자주 쓰는 표현입니다. be remembered as ~ → ~으로서 기억될 것이다.

▶ legend → 전설

⓯ What will be the prospects on? (~에 대한 앞으로의 전망은 어떻습니까?)

▶ prospect에 s가 붙여지면 통상 '성공할 가망'이 됩니다.

▶ a business with good prospects → 유망한 사업

▷ Prospects on the president of the U.S. Mr. Bush's winning the next term of office is gloomy. (미국 대통령 부시의 재선 성공의 전망은 어둡다.)

▷ Prospects of job market in 2005 is rosy. (2005년 취업 시장의 전망이 좋다.)

❶❻ It all depends on Korean team and coach. (모든 것이 한국 팀과 코치에 달려있어요.)

▶ A depends on B: A는 B에 달려 있다. = A is up to B

❶❼ cross one's fingers (행운을 빌다.)

▶ = to wish a good luck

▶ keep one's fingers crossed → 행운을 빌다

A: I had a job interview today. (오늘 면접 봤어요.)

Keep your fingers crossed! (행원을 빌어주세요.)

B: Sure. I will cross my fingers. Good luck to you! (물론이지. 행운을 빌어 줄게. 너에게 행운이 있기를!)

Q POP QUIZ II ···

Q1 다음의 빈 칸에 들어갈 말로 적절한 것은?

> The success of this project depends (   ) the hard work of students.

① on
② by
③ for
④ to

《Hint》 depend on ~ : ~에 의지하다.

Q2 다음 중 의미가 다른 것을 고르세요.

① I'm into playing tennis.
② I'm crazy about playing tennis.
③ I like playing tennis very much.
④ I'm out of playing tennis.

《Hint》 be into ~ = ~에 매료되다.

정답 Pop Quiz II: 1. ①   2. ④

사이버한국외국어대학교
CYBER HANKUK UNIVERSITY OF FOREIFN STUDIES

E 〉 Exercise I

다음과 같은 뜻이 되도록 제시된 단어를 적절한 순서로 채워 보세요.

1   '한국인들은 축구에 매료되어 있다.'

into, are, soccer, Koreans
(   ) (   ) (   ) (   )

≪Hint≫ be into~

2   '나는 우리가 준결승에 진출한 그 날을 여전히 분명히 기억한다.'

the day, that, made, remember, the semi-finals, we, it, into
I can still clearly (   ) (   ) (   ) (   ) (   ) (   ) (   ) (   ).

≪Hint≫ 'the day we ~'의 구문을 따라 해 볼 것.

3   '내 기억에 생생하다.'

It is so (   ) in my memory.

≪Hint≫ '생생한'의 의미가 되는 형용사 꼴

4   Their spirit and love of soccer is (   ).

'beyond description'의 의미가 되도록 한 단어를 쓰세요.

≪Hint≫ 형용사 꼴로

5   It must have been (   ) feeling.

'압도하는 기분, 즉 전율이 느낌임에 틀림없다.'의 의미가 되도록 한 단어를 쓰세요.

≪Hint≫ 압도하다 'overwhelm'을 이용하여

정답   Exercise I   1. Koreans are into soccer.
2. I can still clearly remember the day that we made it into the semi-finals
3. vivid 혹은 fresh, clear 등등
4. indescribable
5. overwhelming

E 〉 Exercise II

영작해 봅시다.

1 '행운을 빌어줍시다.' (finger를 사용하여)

_____

≪Hint≫ finger를 cross 한다는 것이 '행운을 빌다'의 의미가 됨.

2 '2005년 취업 시장의 전망이 좋다.'

_____

≪Hint≫ 전망 prospect(s)

3 '당신은 그 거리에서 모든 이들과 함께 응원할 기회를 가졌었는지요?'

_____

≪Hint≫ ever + 과거형 → 현제완료 경험을 나타냄

4 '특별히 염두에 두고 있는 경기 있어요?'

_____

≪Hint≫ have A in mind

5 '그는 한국 축구 역사상에 오랫동안 전설로 기억될 겁니다.'

_____

≪Hint≫ be remembered as를 사용하여
      legend 전설

 정답 | Exercise II 1. Let's cross our fingers.
2. Prospects of job market in 2005 is rosy(bright).
3. Did you ever have a chance to cheer with everyone on the street?
4. Do you have a specific match in mind?
5. He will be remembered as a legend in Korean soccer history for a long time.

Bonus

외국에 나가면 버스를 타 보세요. local 교통수단으로 그 지방 사람들이 이용하는 대중버스를 타면 좀 더 그 지방을 여행하는 맛이 남다르겠죠? 다음은 버스 기사에게 길을 물어 볼 때 흔히 있을 수 있는 대화내용입니다.

A　Does this bus go to Manhattan?

B　Well, you have to transfer at Sheridan Port.

A　OK.

(boarding a bus)

A　I don't want to miss my stop. Would you let me know when we get
　　to Sheridan Port?

B　No problem.

A　Thanks. How many stops until we're there?

B　Three stops. Don't worry. I'll tell you when we get there.

A　Thank you. By the way, how often does the bus for the Sheridan Port run?

B　Every 12 minutes, sir. Oh, the next stop is yours.

A　Thank you.

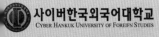

A 이 버스 맨해튼 갑니까?

B 저... 쉐리단 항구에서 갈아타야 하는데요.

A 알겠습니다.

(버스를 탑니다)

A 내릴 곳을 놓치면 안 되니, 그 항구에 도착하면 가르쳐 주실래요?

B 물론입니다.

A 감사합니다. 그 항구까지 얼마나 더 가지요?

B 세 정류장입니다. 걱정 마세요. 도착하면 알려 드리지요.

A 감사합니다. 그런데, 쉐리단 항구에 가는 버스는 얼마나 자주 다니지요?

B 12분 마다입니다. 자, 다음번에 내리면 됩니다.

A 감사합니다.

❖여행 중 그 지방의 버스를 타면서, 특별히 이 대화는 갈아타는 곳을 놓치지 않으려는 여행자의 조바심이 어려 있네요.

- transfer는 '갈아타다'의 의미입니다.
- get to ~ → ~에 도착하다

❖How often does the bus for the Sheridan Port run?

(쉐리단 항구까지 가는 이 버스가 얼마나 자주 다니지요?)

외국에 가서 버스를 타면 이런 질문을 하고 싶습니다. 그래야 다음에 탈 때 대략 예상을 하니까요... 잘 알아 두세요. 실제 상황가면 헤매기 쉽습니다.

- Every 12 minutes → '12분마다'의 의미입니다.
- Every three days → '3일마다'

  이런 뜻으로 쓸 때 이렇게 단위(minute, day 등등)에 s를 붙입니다.

Wrap-up

1. I can still clearly remember the day that we made it into the semi-finals.

- remember를 꾸며주는 부사로 clearly(분명히)가 사용되었으며 vividly도 가능.
- finals → 결승전
- semi-finals → 준결승전

2. It is so vivid in my memory.

- vivid in one's memory → 기억에 생생한
  = fresh in one's memory
- a vivid description → 생생한 묘사

3. I think he will be remembered as a legend in Korean soccer history for a long time.

- be remembered as ~ → ~으로서 기억될 것이다.
- legend → 전설

7
LESSON

I have a runny nose

Introduction

말하기 포인트
병원에서 감기증상 설명하기.

유용한 표현
I think I might have caught a cold.
I have a runny nose.
My throat really hurts.

Warm-Up

B ⟩ Brainstorming 1-1

(In a hospital)
W   What's wrong?
M   I have an upset stomach.
W   How long have you had these symptoms?
M   About two days.
W   I'll give you a prescription for the pain. You should take these as needed.

(병원에서)
W   무슨 일인가요?
M   배가 아픕니다.
W   이 증상이 얼마나 되셨지요?
M   이틀입니다
W   이 고통 멈추는 처방전을 드릴게요. 필요에 따라 복용하세요.

Where does this conversation probably take place?

① School   ② Hospital
③ Restaurant   ④ Dental clinic.

B ⟩ Brainstorming 1-2

남자의 고민은 무엇인가요?

① 머리가 아픔   ② 머리카락이 빠짐
③ 배가 아픔   ④ 배가 나옴

 정답   Brainstorming I-1: ②
         Brainstorming I-2: ③

B 〉 Brainstorming 2

다음 중 병원에서 통상적으로 나옴직 하지 않은 문장을 ☑하세요.

- I have a fever and a cough.
- Could you give me first aid treatment?
- I have a backache.
- I want it shorter on the sides and in front.
- I have broken my leg.
- My skin itches.
- My knee hurts when I walk a lot.
- Please fasten your seatbelt.

D 〉 Dialogue

Minho By the way, what's wrong with your voice, Sunmi? It sounds weird.

Sunmi I think I might have caught a cold. It's been like this for a while now.

Minho What? It's been that way for quite a while? Hey, you have a part-time job interview coming up in a week. You should see a doctor as soon as possible.

정답 Brainstorming II: I want it shorter on the sides and in front. Please fasten your seatbelt.

Sunmi Yeah, I really should.

(Now Sunmi is at the hospital)

Nurse Before the doctor sees you, there are a few things that need to be checked. Please show me your insurance card. And what's the purpose of this visit? Just a regular check up?

Sunmi No, I think I caught a cold.

Nurse I see. Then, let me check your blood pressure. Please sit here and put out your arm, okay that's good. Let's check your body temperature, too, hmm. Now, the doctor will see you.

Doctor How can I help you?

Sunmi I think I caught a cold. My throat really hurts.

Doctor Let me see. Oh, your throat is swollen. Any other symptoms, such as body aches?

Sunmi I have a runny nose.

Doctor I see. Oh, you have a light fever too. How long have you been in this state?

Sunmi For the last couple of days. Oh, and I have a headache too.

Doctor The headache and body ache are due to your fever and your sore throat is causing all these symptoms with the cold virus.

Sunmi My voice sounds different; when will it be okay? I have an interview in a week.

Doctor Oh, your voice will be back to normal within a couple of days. It's not that serious, so don't worry.

I'll prescribe two days' worth of medicine. If there is no improvement after two days, come and see me again.

Sunmi Thank you, doctor.

Doctor You're welcome. Drink lots of warm water and get some rest.

Sunmi Yes, I will.

해 석

민호 그런데, 목소리가 왜 그래요? 이상하게 들려요.

선미 감기에 걸린 것 같아요. 이렇게 된 지 좀 됐어요.

민호 네? 목소리가 그렇게 변한 지 꽤 됐다구요? 아르바이트 면접이 일주일 후에 있잖아요. 가능한 한 빨리 병원에 가보세요.

선미 네. 정말 그래야겠어요.

(지금 선미는 병원에 와 있다.)

간호사 진찰받으시기 전에, 확인할 것이 몇 가지 있습니다. 의료보험카드 좀 보여주세요. 어디가 불편하신가요? 그냥 정기검진하러 오신 건지요?

선미 아뇨. 감기에 걸린 것 같아서요.

간호사 알겠습니다. 그러면 혈압을 먼저 재볼께요. 여기 앉아서 팔을 내미세요. 네, 됐습니다. 체온도 좀 재겠습니다. 자, 이제 진찰받으시면 돼요.

의사   어떻게 오셨습니까?

선미   감기에 걸린 것 같아서요. 목이 많이 아파요.

의사   어디 볼까요? 오, 목이 부어있군요. 다른 증상도 있습니까? 몸살 같은 증상이요.

선미   콧물이 나옵니다.

의사   네. 오, 가벼운 열도 있군요. 이렇게 아프신 지 얼마나 되셨죠?

선미   지난 이틀 동안이요. 오, 그리고 두통도 좀 있습니다.

의사   두통과 몸살은 열 때문이고 감기 바이러스와 목이 아픈 것이 다른 증상들을 유발하는 겁니다.

선미   제 목소리가 달라졌는데 언제 괜찮아질까요? 일주일 후에 면접이 있어서요.

의사   아, 목소리는 이삼일 안에 정상으로 되돌아올 겁니다. 그렇게 심각한 것은 아니니 걱정하지 마세요. 이틀 분의 약을 처방해드리겠습니다. 이틀 후에도 나아지지 않으면 다시 오세요.

선미   감사합니다, 선생님.

의사   별 말씀을요. 따뜻한 물을 많이 드시고 좀 쉬십시오.

선미   네, 그러겠습니다.

C Comprehension

1. What is Sunmi doing?

① She is doing her work.
② She is seeing a doctor
③ She is having an interview
④ She is making a presentation.

2. What is the matter with Sunmi?

① her cold
② her feet pain
③ her stomachache
④ her mental problem

정답 Comprehension: 1. ② 2. ①

사이버한국외국어대학교
CYBER HANKUK UNIVERSITY OF FOREIFN STUDIES

Coffee Break

잠시 머리를 식히면서 쉬었다가 갈까요?

Are you leaving?

Parking이라는 단어는 이제는 우리도 종종 사용하는 말이기에 익숙해 있습니다. 공원(park)을 연상시키지만 이 단어는 주차하는 것을 의미하지요. lot은 '빈 터'라는 말이기에 parking lot은 주차장의 의미가 됩니다.

미국생활 중 parking violation ticket(주차위반티켓)을 아마도 안 받은 사람이 없을 것입니다. 지지난주에 제가 속도위반 티켓을 몇 차례 받았다고 말씀드렸는데 아울러 주차위반티켓을 몇 번 받았음을 이야기하려니 왠지 제가 매우 난폭한 운전자 같은 느낌을 혹 가지실 것 같네요^^ 그런데요, 아마도 미국생활 초반에 주차위반티켓을 몇 번 안 받아 보신 분 없으실 것입니다... ㅎㅎ

미국의 주차위반조사는 매우 엄격합니다. 우리식의 생각대로 적당히 주차하면 되지 하는 생각으로 주차하면 100% 티켓을 먹습니다. 경찰들이 자전거를 타거나 조그만 전용 삼륜차로 수시로 돌아다니며 주차위반을 단속하지요. 반드시 주차할 때, 내가 할 수 있는 곳인지 표지판을 잘 살피고 그에 따라 하지 않으면 안 됩니다. 예를 들어 학교에서 주차가능지역이 어디인지 미리 학교지도를 참조하여 숙지하고, 현장에서 표지판 지시에 따라 해야 하지요. 학생들이 슬쩍 교수님 주차지역에 하거나 학교의 방문객이 학생주차 지역에 했다가는 100% 티켓을 먹습니다. 장애인용에 하는 것은 비인도적인 처사로 간주되어 더 많은 벌금이 부과됩니다. 그러니 아무리 주차할 곳이 없어도 장애인용에는 절대로 안 하게 됩니다.

제가 100%라고 이야기 하는 것은 제 경험입니다. 조금 늦게 학교에 와서 주차지역이 꽉 차있을 때 급한 마음에 적당히 그럴 듯한 곳에 주차하고 나중에 와 보면 100% 반드시 차에 티켓이 놓여 져 있었습니다. 소화전 옆이 비어 있어 거기에 했더니 티켓을 먹었구요, 황량하기까지 한 그 넓은 학교의 한가한 이면도로 코너에 했더니 또 먹었구요...^^ 하나하나 이렇게 배우고 나니 후에는 절대로 주차가능한 지역이 아니면 안하게 되었답니다.

사이버한국외국어대학교
CYBER HANKUK UNIVERSITY OF FOREIFN STUDIES

학교는 오전 9시 반경쯤이면 이미 주차할 곳이 다 차게 됩니다. 10시 경쯤 학교에 오는 학생들은 주차할 곳이 없어 주차장에서 차를 죽 열 지어 세워놓고(마치 도시의 택시 승차장에서처럼) 일을 마치고 자기 차로 가는 학생들을 졸졸졸 차로 따라 가서 그 자리에 주차 하곤 한답니다. 하루는 미국에 온지 얼마 안 되는 어느 한국인 여학생이 정오경 쯤 도서관에 있는 저를 보더니 큰 일 날 뻔 했다며 놀란 모습으로 이야기 했습니다. 자기가 급한 일이 있어 지금 막 집에 가려고 주차장으로 가는데 차에 탄 어떤 미국남학생이 자기한테 뭐라고 말을 걸더니 따라 오더라는 것입니다. 놀란 이 학생은 이 미국학생이 나쁜 사람인 것 같아 자기 차에 못가고 빙빙 주차장을 돌다가 결국 도서관으로 들어와 버렸다며 놀란 가슴을 쓸어내리고 있었습니다... 그러면서 자신이 너무 매력적이었나 보다고 농담반 진담반으로 이야기합니다. 저는 진상을 알았으나 끄덕거리며 그 학생을 실망시키지 않도록 가만히 있었습니다. 사실은 그 미국학생은 주차하기 위해 기다리던 중이었을 것이고 아마도 이렇게 이야기 했을 것입니다. "Are you leaving?"(여기를 떠납니까?) 당황하여 끄덕거리며 혹은 아니 했을지라도, 주차장의 세워진 차의 물결 속으로 향한 이 여학생을 이 미국학생은 이 여학생이 빠져나가는 그 주차자리를 잡기 위해 차로 졸졸 따라간 것이지요...

이 학생이 주차장을 그저 빙빙 돌다가 결국 건물 안으로 홱 들어 와 버리는 바람에 주차하려고 졸졸 따라가던 그 미국인 남학생은 오잉?! 얼마나 황당했을까요??? 하하하

Main Study

E〉 Expression Ⅰ

❶ By the way. (그런데요, 말이 났으니 말인데요.)

▶ 특별한 의미가 있지는 않음.

▶ 말을 할 때 상대방에게 화제의 전환이 있을 것임을 암시함.

▷ By the way, who gave that gift to you? (그런데 누가 그 선물을 주었나요?)

▷ Thank you for reminding me of the meeting. By the way, what's the agenda? (그 회의에 대해 상기시켜 주셔서 감사합니다. 그런데 안건이 무엇이지요?)

❷ It sounds weird. (이상하게 들려요.)

▶ weird → (구어) 이상한, 기묘한, 별난

▷ He has some weird ideas about hats. (그는 모자에 관해 별난 생각을 가지고 있다.)

▷ Sam is such a weird fellow. (샘은 정말 괴상한 녀석이다.)

❸ I might have caught a cold. (감기에 걸린 것 같아요.)

▶ catch a cold = get the flu → 감기에 걸리다
 = get the influenza.

▶ 감기 기운이 좀 있다.

→ I've caught a bit of a cold.

→ I've got a touch of (the) flu.

→ I have a slight cold.

▶ might have p.p → ~했을지 모른다

▷ I have a terrible cold. (심한 감기에 걸렸어요.)

▷ I'm afraid I've caught another cold. (또 감기에 걸린 것 같습니다.)

❹ It's been that way for a while? (그렇게 된 지 좀 지났다구요?)

▶ that way → 그렇게, 그런 식으로

▶ this way and that → 이리저리, 갈팡질팡하여

▷ What makes him behave that way? (저 사람은 왜 저렇게 행동할까?)

▷ Don't talk to me in that way. (나한테 그런 식으로 말하지 마.)

▶ for a while → 잠시동안

▶ for quite a while = 꽤 오랫동안

　cf　once in a while → 이따금

❺ You have a part-time job interview coming up in a week. (당신은 일주일 후에 아르바이트 면접이 있잖아요.)

▶ part-time job → 시간제 일자리, 아르바이트

↔ full-time job → 정규 근무

▶ come up → 다가오다, (일이) 생기다

본문에서는 which is가 생략되었고, '다가오는'이라는 뜻.

▶ in a week → in은 여기서 '~안에'가 아니고, '~후에'라는 뜻.

▷ He will be back in a few days. (그는 이삼일 후에 돌아올 것이다.)

▷ Christmas is coming up. (크리스마스가 다가오고 있다.)

❻ You should see a doctor as soon as possible. (되도록 빨리 병원에 가세요.)

▶ should → 권유의 뜻으로 많이 사용.

▶ see a(the) doctor → 진찰을 받다

ex Thank you for seeing me, doctor. 진찰해 주서서 감사합니다.

cf 입원하다 → be hospitalized; enter[go into] a hospital

퇴원하다 → leave (the) hospital

▶ as soon as → ~하자마자

▶ as soon as possible(one can) → 되도록 빨리

▷ What time can I see the doctor today? (오늘은 몇 시에 진찰받을 수 있죠?)

▷ How long will I have to be in hospital before the operation? (수술 할 때까지 얼마나 오래 입원해야 합니까?)

▷ You'll be ready to leave the hospital in a week. (1주 정도면 퇴원해도 될 겁니다.)

❼ Please show me your insurance card. (의료보험증 좀 보여주세요.)

▶ insurance → 보험, 보험금

cf accident insurance : 상해 보험

life insurance : 생명 보험

casualty insurance : 재해 보험

▷ Will my insurance policy cover hospitalization? (입원에도 보험이 적용됩니까?)

❽ What's the purpose of this visit? (이번에 무슨 일로 오셨죠? (어디가 아파서 오셨죠?))

⇒ What seems to be the problem?.

What's your complaint? 등의 표현도 의사들이 증상을 물을 때 사용.

▶ 중구난방

▷ on purpose → 고의로, 일부러 (intentionally) (↔ by accident)

▷ I have dropped in on purpose to congratulate you. (축하 말씀을 드리려고 들렀습니다.)

▷ He loitered there on purpose that he might be noticed. (그는 누군가의 눈에 띄려고 그곳을 어슬렁거렸다.)

❾ Let's check your body temperature. (체온을 좀 재겠습니다.)

▶ check one's temperature = take one's temperature (체온을 재다)

▷ Why don't you take your temperature? (열을 재보는 게 어때요?)

❿ My throat really hurts. (목이 정말 아파요.)
= My throat is sore. = I've got a sore throat.

▶ 증상 설명할 때 쓰는 표현들

배가 아파요.	→ My stomach is upset. I have a stomachache.
기침이 심해요.	→ I have a bad cough.
오한이 납니다.	→ I feel chilly.
노곤합니다.	→ I feel dull.
속이 쓰려요.	→ I have heartburn.
소화가 안돼요.	→ I'm suffering from indigestion.
변비가 있어요.	→ I'm constipated.
설사를 합니다.	→ I have loose bowels.
빈혈이 있어요.	→ I'm suffering from anemia.
가끔 어지러워요.	→ I sometimes feel dizzy.
간에 문제가 있어요.	→ I have liver trouble.
무릎이 좀 아파요.	→ I've got a slight pain in my knee.
왼쪽 귀가 아파요.	→ My left ear hurts.

⓫ Your throat is swollen. (당신의 목이 부어있어요.)

▶ swollen → 부푼, 부어오른

My toe is swollen. (발가락이 부었습니다.)

She's got swollen eyelids. (그녀는 몹시 울어서 눈꺼풀이 부어올랐다.)

Q POP QUIZ I ·······························

Q1 빈칸에 들어갈 알맞은 동사는?

> You look seriously pale today. Why don't you (   ) a doctor?

① meet
② see
③ check up
④ appoint

≪Hint≫ see a doctor : 진찰을 받다

Q2 다음 중 의미가 다른 한 문장은?

① My throat really hurts.
② My throat is sore.
③ I've got a sore throat.
④ My voice is hoarse.

≪Hint≫ '목이 아프다'는 표현이 아닌 것은?

정답 Pop Quiz I: 1. ② 2. ④

E 〉 **Expression Ⅱ**

❶❷ Any other symptoms, such as body aches? (몸이 쑤시는 것 같은 다른 증상은 없습니까?)

  ▶ symptom → 증상, 증후

  ▶ allergic symptoms → 알레르기 증상, allergy → 알레르기, 혐오, 반감

  ▶ ache → 아프다, 쑤시다

   headache(두통), stomachache(복통), toothache(치통)

   ▷ My body aches all over. = I ache all over. 온몸이 쑤셔요.

❶❸ I have a runny nose. (콧물이 흐릅니다.)

  = I have a running nose.

  ▶ run → <물·눈물·피 등이> 흐르다

  ▶ runny → 콧물이 흐르는

  cf 코가 막혔어요. → My nose is stuffy.

   ▷ His nose was running. (그는 콧물을 흘리고 있었다.)

   ▷ The cold air makes my nose run. (공기가 차서 콧물이 난다.)

❶❹ You have a light fever, too. (가벼운 열도 있군요.)

  ▶ 열이 좀 있어요.

   ⇒ I have a slight fever.

   ⇒ I think I have a little fever.

   ⇒ I've got a fever.

   ⇒ I've got a temperature.

  ▶ fever → 발열, 열

  ▶ an attack of fever → 발열

  ▶ feverish → 발열한, (특히) 미열이 있는

❶❺ How long have you been in this state? (얼마나 오랫동안 이런 상태였습니까?)

▶ state → (항상 단수로) 상태, 형편; 모양, 양상; 사태, 사정, 형세.

▶ a solid state → 고체 상태

▶ the married state → 결혼 상태

▶ nations in a state of war → 전쟁 상태에 있는 나라들

▶ be in a nervous state → 초조한 상태에 있다.

▷ She's in a good state of health. (그녀의 건강 상태는 양호하다.)

▷ These buildings are in a bad state of repair. (이 건물들은 보수 상태가 불량하다.)

❶❻ The headache and body ache are due to your fever. (두통과 몸살은 열 때문에 생긴 거예요.)

▶ due to → ~의 이유로, ~ 때문에 (=owing to, because of)

▷ His death was due to an accident. (그의 죽음은 사고에 의한 것이었다.)

▷ The train was late due to the fog. (안개때문에 기차가 늦었다.)

❶❼ I'll prescribe two days' worth of medicine. (이틀 치 약을 처방해 드릴게요.)

▶ prescribe → 처방하다, 규정하다

▶ prescribe = make out a prescription

▶ worth (of) → (어떤 금액에 상당하는) 양, (어떤 금액) 어치.

▷ The boy got one dollar's worth of candy. (그 소년은 1달러 치 사탕을 얻었다.)

▷ I only need a dollar's worth of this tea. (나는 이 차 1달러 치만 필요해요.)

❶❽ If there is no improvement after two days, come and see me again. (이틀 후에도 나아지지 않으면, 다시 오십시오.)

= Come back if you have any problems.

▶ improvement → 개선, 진보

🔵cf feel better/ get over → 나아지다

▷ Are you feeling any better today? (오늘은 좀 나아졌어요?)

▷ I'm completely better. (완전히 다 나았습니다.)

▷ Did you get over your cold yet? (이제 감기가 다 나았나요?)

❶❾ Get some rest. (좀 쉬세요.)

▶ 비슷한 표현

▷ Take everything easy and relax. (편하게 생각하고 푹 쉬세요.)

사이버한국외국어대학교
CYBER HANKUK UNIVERSITY OF FOREIFN STUDIES

▷ Take good care of yourself. (건강에 조심하세요.)

▷ Take a short rest. (좀 쉬세요.)

▶ 그 밖의 건강과 관련해 쓸 수 있는 표현들을 정리해 보았습니다. 참고 하세요.

▷ You aren't looking well. (건강이 안 좋아 보여요.)

▷ You look pale. (안색이 창백해요.)

▷ I'm in good shape. (컨디션이 좋습니다.)

▷ Your voice is hoarse. (목이 쉬었어요.)

▷ Let me feel your forehead. (이마에 열을 재봅시다.)

▷ I'm sure these tablets will do you a lot of good. (이 알약은 잘 들어요.)

▷ I have an appointment to see the doctor at 10:30. (10시 30분에 진료예약을 했습니다.)

▷ Is Dr. Thomson engaged now? (톰슨 선생님은 진료 중입니까?)

▷ Where's the consultation room? (진료실은 어디입니까?)

▷ Do you make house calls? (왕진할 수 있습니까?)

▷ Could you give me the results of my laboratory tests? (검사결과를 가르쳐 주시겠습니까?)

▷ I'll follow your directions. 지시대로 하겠습니다.

Q POP QUIZ II

Q1 의사의 대답 중 뜻이 다른 표현은?

> **Doctor** Let me check your body temperature.
> **Sunmi** What's wrong with me?
> **Doctor** (   ).

① You've got the flu.

② You have a slight fever.

③ You are a little feverish.

④ You have a temperature.

≪Hint≫ '열이 있다'는 표현이 아닌 것은? 1번은 '감기에 걸렸다'는 의미.

Q2 빈칸에 들어갈 알맞은 단어는?

> His death was (   ) an accident.

① thanks to

② due to

③ because

④ sorry for

≪Hint≫ ~ 때문에 3번은 'because of'이어야 함.

정답 Pop Quiz II: 1. ① 2. ②

E 〉 Exercise Ⅰ

다음과 같은 뜻이 되도록 제시된 단어를 적절한 순서로 채워 보세요.

1 '당신은 일주일 후에 아르바이트 면접이 있잖아요.'

> in, part-time, week, coming, a, job, up, interview
> You have a ( ) ( ) ( ) ( ) ( ) ( ) ( ) ( ).

《Hint》 다가오는 → coming up, 일주일 후에 → in a week

2 '되도록 빨리 병원에 가세요.'

> as, see, a, possible, should, doctor, as, soon
> You ( ) ( ) ( ) ( ) ( ) ( ) ( ) ( ).

《Hint》 병원에 가다(진찰받다) → see a doctor, 되도록 빨리 → as soon as possible

3 '두통은 열 때문에 생긴 거에요.'

> your, is, due, fever, to, the headache
> ( ) ( ) ( ) ( ) ( ) ( ).

《Hint》 ~ 때문에 → due to

4 '이틀 치 약을 처방해 드릴께요.'

> two, of, prescribe, medicine, days, worth
> I'll ( ) ( ) ( ) ( ) ( ) ( ).

《Hint》 이틀 치 → two days' worth of

5 '이틀 후에도 나아지지 않으면, 다시 오십시오.'

> after, no, come, and, again, improvement, two, see, days, me
> If there is ( ) ( ) ( ) ( ) ( ), ( ) ( ) ( ) ( ) ( ).

《Hint》 차도가 없다: no improvement, 다시 오세요: come and see me

정답 Exercise Ⅰ 1. part-time job interview coming up in a week. 2. should see a doctor as soon as possible
3. The headache is due to your fever 4. prescribe two days' worth of medicine
5. no improvement after two days, come and see me again

E Exercise II

의미가 통하도록 알맞은 말을 넣어보세요.

1 _____

감기에 걸린 것 같아요.

≪Hint≫ might have p.p → ~했을지 모른다, ~했을 것 같다

2 _____

콧물이 흐릅니다.

≪Hint≫ 콧물이 흐르다. → have a runny nose I

3 It's been _____ _____ for quite a while?

그렇게 된 지 꽤 지났다구요?

≪Hint≫ 그렇게 → that way

4 What's the _____ _____ _____ _____ ?

이번 방문의 목적은 무엇입니까?

≪Hint≫ 목적 → purpose, 이번 방문 → this visit

5 How long have you been _____ _____ _____ ?

얼마나 오랫동안 이런 상태였습니까?

≪Hint≫ ~한 상태 → in a state

정답 Exercise II   1. (I think) I might have caught a cold.
2. I have a runny nose.
3. that way
4. purpose of this visit
5. in this state

외국에 가면 있기 마련인 장면입니다. 지도 한 장 들고 폼 나게 나섭니다만 종종 헷갈리는 경우가 많습니다. 이 때 당황하시지 말고 지나가는 사람에게 물어보시지요... 자신감을 가지고요... 다음은 길을 잃었을 때 길을 물어 볼 때 흔히 있을 수 있는 대화내용입니다.

A Excuse me?

B Yes, can I help you?

A I'm afraid I'm lost. Where am I?

B You're on Delaware and Hamilton.

A Thank you. Then, I guess I need to keep going this way.
This street takes me to the municipal museum, doesn't it?

B No, you are going in the opposite direction. You must go back.

A Oh, really? Could you show me where I am on this map?

B Let's see... Oh, you're right here.

A I see. Thanks for your help.

A 실례합니다.

B 네, 도와드릴까요?

A 길을 잃은 것 같아요. 여기가 어디지요?

B 델라웨어하고 해밀턴이 만나는 곳에 있으시네요.

A 그러면, 내가 이 길로 계속 가야 되겠군요. 이 길은 시립박물관으로 가는 길 맞지요?

B 아닙니다. 반대로 가고 있는 겁니다. 되돌아가세요.

A   오, 정말요? 제가 이 지도상으로 어디에 있는지 알려주실래요?

B   봅시다. 아, 여기네요.

A   알겠어요. 도와주어 감사합니다.

_____

❖I'm lost. → '길을 잃었다'는 말입니다.

❖Where am I? → '여기가 어디이지요?' 정말 유용한 표현입니다. 'Where is here?' 이렇게 하지 않습니다.

❖You're on Delaware and Hamilton. → 거리 이름 두 개가 'and'로 연결하여 나옵니다. 이 말은 두 거리가 만나는 교차로에 있다는 이야기 입니다. 참고로 미국에서 가정 흔한 거리 이름이 'Delaware'라고 합니다.

Wrap-up ···

1. I think I might have caught a cold. (감기에 걸린 것 같아요.)

- catch a cold → 감기에 걸리다
- might have p.p → ~했을지 모른다

2. I have a runny nose. (콧물이 나요.)

- runny → 콧물(점액 등)이 흐르는
- **cf** 코가 막혔어요. → My nose is stuffy.

3. My throat really hurts. (목이 정말 아파요.)

= My throat is sore.

= I've got a sore throat.

LESSON 9

I always do my best to fulfill my responsibilities

Introduction

말하기 포인트

인터뷰하기.

유용한 표현

What do you think your strengths are?
I always do my best to fulfill my responsibilities.
Oh, will you?
I will be more than able to manage both school and work.

Warm-Up

B 〉 Brainstorming 1-1

(In the process of interview)
M Please be seated.
W Thank you.
M What company did you work for, Ms. Kim?
W I worked for Samwha company, sir.
M How many years of experience do you have in this field of the work?
W Ten years, sir.
M What kind of position are you seeking?
W I'm looking for a job as a marketing director.
M If we hire you, we hope you will work hard for the company.
W I am sure I will do my best, sir.

(인터뷰 중)
M 앉으세요.
W 감사합니다.
M 김 선생님 작년에 어느 회사에서 일하셨지요?
W 삼화회사였습니다.
M 이 방면의 일에 몇 년의 경험이 있는지요?
W 10년이요.
M 어떤 직급을 원하세요?
W 마케팅 부장입니다.
M 당신이 고용된다면 열심히 일하시기 바랍니다.
W 최선을 다할 것입니다.

What are they doing?

① Arguing

② Interviewing

③ Dating

④ Joking

 Brainstorming I-1: ②

B 〉 Brainstorming 1-2

이 Interview의 구직자에 대해 맞는 것은?

① 인사부서에서 일하기 원한다.
② Marketing부서의 신참으로 기대된다.
③ 경력이 꽤 되는 중진이다.
④ 이 회사에 10년 전에 근무한 적이 있다.

B 〉 Brainstorming 2

다음 중 인터뷰 시에 통상적으로 나옴직 하지 않은 질문을 ☑하세요.

▨ Do you think you are a responsible person?
▨ How many hours did you work per week?
▨ Would you like to come over and watch the video?
▨ What kind of position are you seeking?
▨ What kind of a student were you in high school?
▨ Do you think you can reserve a table for me?
▨ What is your ambition in life?
▨ What have you been doing since your graduation?

정답 Brainstorming I-2: ③
       Brainstorming II: Would you like to come over and watch the video?
                          Do you think you can reserve a table for me?

D 〉 Dialogue

Sunmi   Hello, my name's Sunmi Park and I have an interview with the human resource department.

Front desk I see. Please follow me. Please be seated. The manager will be right out.

Manager   Hello, nice to meet you, Ms. Park.

Sunmi   Hello, nice to meet you. I'm the person who applied for the front desk job.

Manager   Do you have any front desk experience or have you worked with information desk personnel?

Sunmi   Not really. However, I did work as a secretary for quite a while.

Manager I see. That's good. What exactly did you do at that job? Could you explain what your duties were?

Sunmi Yes, certainly. I answered phone calls, connected incoming calls to the right department, and helped out around the office.

Manager I see. What do you think your strengths are?

Sunmi My biggest strength is that I am diligent and pay attention to detail. I always do my best to fulfill my responsibilities.

Manager Good, then I do not need to tell you what is required in the current position. What do you think your weaknesses are?

Sunmi Well, I am not so sure.

Manager I know you're a student now. We will consider your situation as much as possible.

Sunmi Oh, will you? Thanks.

Manager I hope you will do your best juggling work and study at the same time.

Sunmi Oh yes. If I use my time more effectively, I will be more than able to manage both school and work. Umm, for example I could take more morning classes instead of afternoon classes. I'm sure my schooling won't interfere with the job.

Manager I see. That's good to hear. When can you start working here?

Sunmi I can work starting next Monday.

Manager What do you expect to be paid?

Sunmi Well, I am not so sure, but not less than what I earned in my previous job.

Manager I see. We will try to match the amount. You will be hearing from my secretary within a week.

Sunmi All-right. Thanks for your time.

Manager Thank you for coming, Ms. Park.

해석

선미 안녕하세요, 제 이름은 박선미 이고, 인사부와 면접이 있습니다.

프론트데스크 네, 저를 따라오세요. 앉으세요. 과장님이 곧 오실 겁니다.

과장	안녕하세요, 만나서 반갑습니다, 미스 박.
선미	안녕하세요, 만나서 반갑습니다. 프론트데스크 직에 지원한 사람입니다.
과장	프론트데스크 근무 경험이나 안내데스크에서 일했던 경험이 있습니까?
선미	별로 없습니다. 하지만, 비서로서 한동안 일했던 적은 있습니다.
과장	알겠습니다. 잘됐군요. 그 일을 하면서, 정확히 어떠한 업무를 하셨나요? 본인의 임무가 무엇이었는지 설명해 줄 수 있을까요?
선미	네, 해드리죠. 전화 받고, 걸려오는 전화를 해당 부서에 연결을 시켜주고 사무실 곳곳에서 보조를 했습니다.
과장	그렇군요. 당신의 장점은 어떤 것들이라고 생각하나요?
선미	저의 가장 큰 장점은 성실하고, 세밀한 것에도 주의를 기울인다는 점입니다. 저는 항상 제 책임을 다하기 위해 최선을 다합니다.
과장	좋습니다. 그렇다면, 현재 이 자리에서 요구하는 것에 대해 구체적으로 말씀드릴 필요가 없군요. 당신의 약점은 무엇이라고 생각하십니까?
선미	글쎄요. 확실하지 않습니다.
과장	지금 학생인 것으로 알고 있습니다. 그 형편을 최대한 고려하도록 하겠습니다.
선미	그래요? 감사합니다.
과장	일과 공부를 동시에 잘 해낼 수 있을 것으로 희망합니다.
선미	아, 그럼요. 시간을 효율적으로 사용할 경우 학교와 직장 모두 아주 잘 해낼 수 있을 것입니다. 음... 예를 들어 저녁 수업 대신, 아침 수업을 들을 수도 있습니다. 저의 학교교육이 업무에 방해를 주지 않을 거라 확신합니다.
과장	알겠습니다. 잘됐군요. 여기서 언제 일을 시작할 수 있습니까?
선미	다음 주 월요일에 일을 시작할 수 있습니다.
과장	페이는 얼마나 받기를 예상하나요?
선미	글쎄요. 확실하지 않습니다만, 이전 직장에서 벌었던 만큼은 되어야 할 것 같습니다.
과장	알겠습니다. 금액을 맞춰보도록 노력을 하겠습니다. 일주 내에 제 비서로부터 소식을 들을 것입니다.
선미	좋습니다. 시간 내어 주셔서 감사합니다.
과장	와 주셔서 감사합니다. 미스 박.

C〉Comprehension

1. 다음 대화 내용과 맞는 것은 어느 것인지 클릭하세요.

① Sunmi wants to stop her working.
② Sunmi is looking for a job.
③ Sunmi wants to hire a man.
④ Sunmi wants to own her company.

2. 다음 대화 내용과 맞는 것은 어느 것인지 클릭하세요.

① Sunmi wants to work after graduation.
② Sunmi prefer having a job to studying at school.
③ Sunmi used to answer phone calls when she worked as a secretary.
④ Sunmi is not sure about handling both school and a job at the same time.

정답   Comprehension: 1. ②   2. ③

Coffee Break

잠시 머리를 식히면서 쉬었다가 갈까요?

호칭

면접에서는 물론 상대 외국인과의 대화에서 우리가 종종 실수 하는 것 가운데 하나는 호칭입니다. 우리는 교실에서 선생님을 부를 때, '선생님' 이렇게 부릅니다만 미국에서는 성에 타이틀을 붙여 부릅니다. 예를 들면 Mr. Brown/Ms. Brown 이렇게요. 그저 우리 식으로 Teacher! 이렇게 부르지는 않지요. 이는 대학의 경우도 마찬가지이나 타이틀이 다릅니다. 즉 Dr. Brown, 혹은 Professor Brown 이렇게 부르지요. 물론 박사학위를 가지고 있는 경우는 Dr. 즉 Doctor라는 타이틀을 붙이는 경우도 많습니다만 Professor 라는 타이틀도 무난합니다. 물론 박사학위가 없는 교수님일 때는 그저 Professor 라고 하면 됩니다.

한 가지 주의할 것은 이런 타이틀에 붙는 이름은 Last name, 즉 성(姓)입니다. 제 이름을 예로 보면 Lee Kilryoung으로 제 영문을 표기하는데 호칭을 붙이면 Professor Lee 하지 Professor Kilryoung으로 하지는 않습니다. 한국 사람들이 참으로 잘 틀리는 것입니다. first name에, 즉 이름에 호칭을 붙이면 때로는 무례하게 들리기까지 하니 주의하시기 바랍니다.

박사과정 시절, 한 분의 교수님이 대학원 학생들과 친하게 몇 년 함께 연구도 하고 같이 지내게 되니 이제 자신을 first name으로 불러도 된다고 하셨습니다(미국은 종종 이런 경우가 있습니다). 그 분의 성함은 Dr. Jerry Jeager 입니다. 여기서 Jerry가 first name이지요. 미국학생들은 그 때부터 그 분을 Jerry 라고 쉽게 불렀습니다만, Asia에서 온 학생들은 이게 쉽게 안 되는 겁니다. 어떻게 교수님을 fist name으로 Jerry, Jerry 할 수 있느냐는 겁니다. 고민하다가 나중에 Asia 학생들은 이렇게 하더라구요... Dr. Jeager는 아니고 Jerry라고 first name은 부르되 그 앞에 호칭을 붙여 Dr. Jerry로 부르더군요... fist name에 타이틀을 붙였으니 굉장히 우스꽝스러운 호칭이 된거죠... 교수님도 이런 그들을 웃으시며 이해 하셨답니다... 하하. 어릴 때부터 몸에 밴 습관은 어쩔 수 없는 듯합니다.

사이버한국외국어대학교
CYBER HANKUK UNIVERSITY OF FOREIFN STUDIE

Main Study

E〉 Expression I

❶ I have an interview with the human resource department. (저는 인사부와 면접이 있습니다.)

▶ have an interview with~: ~와 면접을 하다

▶ human resource department 인사부(= Department of personnel, personnel)

▷ His first job was in personnel.

❷ Please be seated. (앉으세요.)

= Please sit down.

= Have (take) a seat.

▶ seat → ~을 앉히다, 착석시키다

▷ Seat the guest to the right. (손님을 오른쪽에 앉히시오.)

▷ He is the one seated in the front row. (그는 맨 앞줄에 앉아 있는 사람이다.)

▶ Please wait to be seated. 기다려 주시면 자리로 안내해 드리겠습니다.

❸ The manager will be right out. (과장님이 곧 오실 겁니다.)

▶ manager 과장, general manager 부장 (총지배인)

CEO (= Chief Executive Officer) 사장, president 회장

▶ be right out : 곧 함께 할 것입니다. (곧 도와드리겠습니다)

▷ right는 곧, 바로

❹ I'm the person who applied for the front desk job. (저는 프론트데스크 직에 지원한 사람입니다.)

▶ apply for : ~을 지원하다. (= make an application for)

▷ She applied for the job. (그녀는 그 직을 지원했다.)

▷ He applied for a visa for China (그는 중국비자를 신청했다.)

▶ an application form: 신청서, 지원서

▶ apply to : 꼭 들어맞다, ~에 지원하다

▷ This way does not apply to the case. (이 방법은 이 경우에는 들어맞지 않는다.)

▷ He applied to three universities. (세 대학에 지원했다.)

▶ apply for entrance to the university (대학에 입학 지원하다.)

▶ front desk → 회사에 들어오면 바로 보이는 안내데스크.

❺ Have you worked with information desk personnel? (안내데스크 요원으로 일했던 경험이 있습니까?)

▶ personnel (집합적) 전 인원, 인사부서

▷ the personnel of the new cabinet (새 내각의 면면들)

▷ cutbacks in personnel (인원의 삭감)

▷ Miltary personnel are not admitted here. (군인 입장 금지)

❻ Could you explain what your duties were? (업무가 어떤 일이었는지 설명해주시겠어요?)

▶ duty → 의무, 본분; (복수로) 임무, 직무

▷ household duties (가사)

▷ public[military] duties (공무[군무])

▷ night duties (야근)

❼ What do you think your strengths are? (당신의 장점은 무엇인가요?)

▶ strength(s) 장점 = strong points

weakness(es) 단점 = weak points

▶ What are your strengths? + Do you think?

⇒ What do you think your strengths are?

ex What do you think your hobbies are?

❽ I work as a secretary for quite a while. (나는 한동안 비서로 근무했다.)

▶ work as ~ : ~로서 근무하다.

▶ work for~ : ~에서 일하다. ~ 위해 (밑에서) 일하다

▷ I worked for a start-up company in IT. (나는 IT쪽에 신규 회사에서 근무했었다.)

▷ I worked for Mr. Herbert. (나는 허버트 씨를 모시고 일했다.)

Q POP QUIZ I ··········

Q1 틀린 표현을 고르세요.

① Please be seated.
② Please sit down.
③ Please take your seat.
④ Please sit your seat.

≪Hint≫ sit은 자동사로 홀로 쓰임.

Q2 빈 칸에 들어갈 가장 적적한 전치사를 고르세요.

> She applied (   ) the managerial position at Samsung.

① for
② of
③ to
④ on

≪Hint≫ apply for ~을 지원하다

정답 Pop Quiz I : 1. ④ 2. ①

E〉 Expression Ⅱ

❾ My biggest strength is that I am diligent and pay attention to detail. (저의 가장 큰 장점은 성실하고 세밀한 것에도 신경을 쓰는 것입니다.)

▶ strength : 장점.

▶ diligent : hardworking : sincere   성실한

▶ pay attention to ~ : ~에 신경 쓰다. = focus on~

❿ I always do my best to fulfill my responsibilities. (저는 책임을 다하기 위해서 최선을 다합니다.)

▶ fulfill : 다하다, 이행하다

▶ fullfill my duties : 내 의무를 다하다

▶ fulfill one's responsibility : 책임을 다하다. 임무를 다하다.

= take<assume> the full responsibility 모든 책임을 지다.

= account for the responsibility

🄯 pass the buck : (구어)책임을 전가하다. (떠 넘기다.)

▷ Some people try to pass the buck whenever they can. (어떤 사람들은 남에게 책임을 돌리려고 한다.)

▷ Don't try to pass the buck. (다른 사람에게 책임을 돌리지 말라.)

▶ to do one's best : 최선을 다하다. = do one's utmost (effort)

⓫ Good, then I do not need to tell you what is required in the current position. (좋습니다. 그렇다면 현재 위치에서 요구되는 것이 무엇인지 말해줄 필요는 없겠군요.)

▶ what is required : 필요로 되는 것, require : 요구하다.

⓬ Oh, will you? (아, 그래요?)

▶ 이것은 바로 위에 나온 "I know you're a student now. We will consider your situation as much as possible."을 받는 말로서 "Will you consider my situation as much as possible?"의 말을 줄여 이렇게 표현함. 학생의 입장을 고려해 주겠다는 말을 듣고 "그래요?"하고 맞장구치고 있는데 이는 대화의 윤활유 역할을 함.

▶ 맞장구치는 것엔 어떤 방법들이 있을까요?

"Um hum", 'That's just right (그렇고 말구요)', 'I think so'(동의합니다), 'I see/Is that so (right)? (그러세요?) I understand (that)' 등. 이와 같은 표현들을 남발하는 것은 좋지 않으나, 적절한 때에 사용하는 것은 대화의 분위기상 좋은 효과.

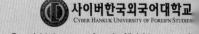

또, 일반적으로 사용되는 맞장구의 표현으로서 상대방이 말한 문장의 주어와 동사만을 받아 위치를 바꾸어 말하는 방법도 있음.

A: The company was established in 1955. (회사는 1955년에 설립되었습니다.)

B: Oh, was it? (아, 그래요?)

A: We are engaged in personnel administration. (저희는 인사 일을 하고 있습니다.)

B: Oh, are you? (아, 그래요?)

⓭ I hope you will do your best juggling work and study at the same time. (일과 공부를 동시에 잘 해낼 수 있을 것으로 희망합니다.)

▶ juggle work and study at the same time. (일과 공부를 동시에 병행하다.)

juggle : 원래 뜻은 (공이나 접시 같은 것을 가지고) 곡예를 하다. (가까스로, 겨우) 해나 가다.

▷ It's absolutely challenging job for some professionals to juggle work and household chores. (몇몇 전문직업인들에게는 직장과 가사를 동시에 해내기가 매우 어렵다.)

⓮ I'll be more than able to manage both school and work. (학교와 직장 모두 아주 잘 해낼 수 있을 것입니다.)

▶ able(형) 앞에 more than은 '매우', '~이상의' 의미가 있어 강조하고 있음.

▷ You're more than welcome. ((쌍수로) 환영합니다.)

⓯ I'm sure my schooling won't interfere with the job. (저의 학교교육이 업무에 방해를 주지 않을 거라 확신합니다.)

▶ interfere with : 방해하다, 간섭하다   schooling : 학교에서 받는 교육

▷ His formal schooling continued until he was 16. (그의 정식 학교교육은 16세까지 이어졌다.)

⓰ Well, I am not so sure, but not less than what I earned in my previous job. (글쎄 요. 확실하지는 않지만 전 직장에서 만큼은 (돈을 벌고 싶습니다.))

▶ I am not so sure that s+v : 확실하지 않다.   I am not certain that s+v

▶ not less than ~ : 적어도, ~만큼 (= as ~ as), ~보다 더하며 더했지 못하지 않은

▷ He has not less than 10 children. (적어도 아이가 10명은 있다.)

▷ It did not cost less than $200. 그것은 적어도 200불이다.

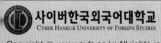

Q POP QUIZ II

Q1 다음 중 의미가 다른 하나를 고르세요.

① The general manager should take the full responsibility for the outcome of the work.

② The general manager should fulfill his responsibility for the outcome of the work.

③ The general manager should account for his responsibility for the outcome of the work.

④ The general manager should credit for his responsibility for the outcome of the work.

≪Hint≫ take the full responsibility for = fulfill the responsibility for = account for his responsibility for

Q2 다음 중 맞장구치는 것이 잘못된 것은?

① A: The company was established in 1955.

　 B: Oh, was it?

② A: We are engaged in personnel administration.

　 B: Oh, are you?

③ A: You did a good job in the mid-term!

　 B: Oh, did you?

④ A: He's sure she will make a great wife.

　 B: Oh, is he?

≪Hint≫ 맞장구의 표현으로서 상대방이 말한 문장의 주어와 동사만을 받아 위치를 바꾸어 말하는 방법.

정답 Pop Quiz II: 1. ④ 2. ③

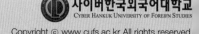
사이버한국외국어대학교
CYBER HANKUK UNIVERSITY OF FOREIFN STUDIES

E 〉 Exercise I

다음과 같은 뜻이 되도록 괄호 안에 적절한 단어를 입력해서 문장을 완성해 보세요.

1 과장님이 곧 오실 것입니다.

> The manager will be (   ) out.

《Hint》 'r'로 시작하는 '바로', '곧'의 의미가 되는 부사

2 그 일을 하면서 정확히 어떠한 업무를 하셨나요?

> What (   ) did you do at that job?

《Hint》 'e'로 시작하는 '정확히'의 의미의 부사

3 I always do my best to (   ) my responsibilities.

> 저는 항상 제 책임을 다하기 위해 최선을 다합니다.

《Hint》 'f'로 시작하는 '이행하다'의 동사로 'duty' 'responsibility' 등의 명사와 함께 잘 쓰임.

4 일과 공부를 동시에 잘 해낼 수 있을 것으로 희망합니다.

> I hope you will do your best (   ) work and study at the same time.

《Hint》 원래 뜻은 (공이나 접시 같은 것을 가지고) 곡예를 하다에서 나온 단어를 적절하게 변형할 것.

5 저의 학교교육이 업무에 방해를 주지 않을 거라 확신합니다.

> I'm sure my schooling won't (   ) with the job.

《Hint》 'i'로 시작하는 '방해하다' 의미의 동사로 'with'와 함께 잘 사용

정답 Exercise I   1. right   2. exactly   3. fulfill
                     4. juggling   5. interfere

E 〉 Exercise II

1 다음의 단어를 아래의 의미가 되도록 괄호 안에 넣어 보세요.

> do think you strengths what are your
> 당신의 장점은 무엇이라고 생각하나요?
> ( ) ( ) ( ) ( ) ( ) ( ) ( )?

≪Hint≫ 'do you think'를 의문사 뒤에

2 다음의 단어를 아래의 의미가 되도록 괄호 안에 넣어 보세요.

> paid what do to expect you be
> (월급을)얼마나 받기를 기대하는가?
> ( ) ( ) ( ) ( ) ( ) ( ) ( )

≪Hint≫ (돈을) 받다 → be paid

3 '우리는 그 금액을 맞춰보려고 할 것입니다.' 이 의미가 되도록 괄호 안에 들어갈 단어를 넣으세요.

> We will try to ( ) the amount.

≪Hint≫ '~에 필적하다'의미의 단어

4 '저는 프론트데스크 직에 지원한 사람입니다.' 이 의미가 되도록 괄호 안에 들어갈 단어를 넣으세요.

> I'm the person who ( ) ( ) the front desk job.

≪Hint≫ make an application for 와 같은 의미로 쓰일 수 있는 것

5 다음 ( ) 안에 앞 A의 문장을 받아서 '그래요?'의 의미가 되도록 쓰세요.

> A: I know you're a student now.
>   We will consider your situation as much as possible.
> B: Oh, ( ) ( )?

≪Hint≫ 맞장구치는 말로 대화의 윤활유 역할을 하도록.

정답 | Exercise II   1. What do you think your strengths are?   2. What do you expect to be paid?
                     3. match   4. applied, for   5. will, you

Bonus

미국의 대다수 주유소(gas station)는 self 주유 시스템입니다. 한국처럼 주유원이 주유해주면 tip을 내야 하니 비싼 편입니다. 자신이 주유기로 직접 주유함이 일반적이지요. 그때 사용하는 대화입니다.

〈Gas Station I〉

(B stops at a gas station in a new city.)

A Hello. What can I do for you?

B Hi. Fill'er up. I need a full tank.

A Want me to check the hood?

B No, thanks. [B gets out of the Car.]

A Whereabouts are you headed?

B Pete Water's farm, near Chesteron. How long is it going to take to get there?

A About fifteen minutes if you take the shortcut.

B Could you tell me the shortcut?

A Sure, take the next left turn. You'll soon see a stop sign. Make a right at the stop sign. Stay on the road, and you'll cross a blue bridge.
Then you'll see a big old red barn. That's the back of Pete Water's place.

사이버한국외국어대학교
CYBER HANKUK UNIVERSITY OF FOREIFN STUDIES

(주유소에서)

A 안녕하십니까. 도와드릴까요?

B 안녕하세요. 가득 채워 주세요. 탱크를 가득 채워 주세요.

A 차를 한번 봐 드릴까요?

B 아니요. 괜찮습니다. [차에서 내린다]

A 어디 가시는 길입니까?

B Chesterton 근처에 있는 Pete Waters의 농장으로 갑니다.
거기까지 가려면 얼마나 더 가야 되겠습니까?

A 한 15분 걸릴 겁니다, 지름길을 이용하면요.

B 그 지름길을 어떻게 가야 할지 말씀 좀 해주시죠.

A 그러죠. 다음 길에서 좌회전 하세요. 그러면 곧 멈춤 표시가 보일 겁니다. 거기서 우회전하
세요. 그 길로 계속 가시면 푸른 다리를 건너시게 되죠. 그러면 크고 빨간 헛간이 보일 거
예요. 그게 바로 Pete Waters 농장의 뒤가 됩니다.

❖What can I do for you? (도와드릴까요?)
- 종업원들이 손님에게 하는 표현은 이외에도 May I help you? How may I help you? 등
  이 있습니다.

❖Fill'er up. (가득 채우세요.)
- 'fill up'은 '가득 채우다.' 여기서 er은 her의 준말로서 미국인들은 자동차나 선박 등을
  여성으로 보기 때문입니다. Fill it up.으로도 씁니다.

❖Want me to check the hood? (차를 봐드릴까요?)
- = Should I look under the front part of the car to see if there is enough oil, or if the
  car needs any other service?
- 'hood' → 우리가 흔히 말하는 '본네트'로서, 이 bonnet는 hood의 영국식 영어표현입니다.

❖Whereabouts = where
- 미국의 몇몇 지역에서는 이렇게 where대신에 whereabouts를 씁니다.

❖shortcut → 지름길을 말합니다.

Wrap-up

1. What do you think your strengths are?

- strength(s) 장점 = strong points
- weakness(es) 단점 = weak points
- What are your strengths? + Do you think?
- ⇒ What do you think your strengths are?

2. I always do my best to fulfill my responsibilities.

- to do one's best : 최선을 다하다. = do one's utmost (effort)
- fulfill one's responsibility : 책임을 다하다. 임무를 다하다.
- = take<assume> the full responsibility 모든 책임을 지다.
- = account for the responsibility

3. Oh, will you?

- "그래요?" 하고 맞장구치고 있는 말로 대화의 윤활유 역할을 함.
- A: The company was established in 1955. (회사는 1955년에 설립되었습니다.)
- B: Oh, was it? (아, 그래요?)

4. I will be more than able to manage both school and work.

- able(형) 앞에 more than은 '매우', '~이상의' 의미가 있어 강조하고 있음.
- **ex** You're more than welcome. (쌍수로) 환영합니다.

10
L E S S O N

I was going to get one for myself

Introduction

말하기 포인트

과거시점에서의 미래의도를 표현하기.

유용한 표현

What's it like?
Where in Canada?
As a matter of fact,
I'll try going to those places.
I know that one is English. What is the other one?
I was going to get one for myself.

B ⟩ Brainstorming 1-1

Mom Jinsoo, you have been watching TV for two hours.
Now, stop watching TV and do your homework.

Jinsoo Mom~ (a little annoyed voice), I'm watching 'Discovery'. I was going to do it after watching this, because it helps me a lot with my homework. But you're nagging me to do my homework and I don't want to right now. I'll do it tomorrow morning, OK?

Mom What?

엄마 진수야, 두 시간이나 TV를 보는구나. 자, 그만 보고 숙제해라.

진수 엄마~ (약간 짜증난 소리로) 나 지금 'Discovery' 보고 있어요.
이거 보고 숙제하려고 했는데요. 왜냐하면 이 프로가 숙제에 도움이 많이 된다구요.
그런데 엄마가 나보고 숙제하라고 긁으니 나 이제 하기 싫어요.
내일 아침에 할래요. 알겠지요?

엄마 뭐야?

What is Jinsoo doing?

① playing computer games   ② having dinner

③ watching TV   ④ doing homework

B ⟩ Brainstorming 1-2

What was Jinsoo's intention?

① He was going to stop doing homework.

② He was going to get ready to have dinner.

③ He was going to stop playing computer games.

④ He was going to do homework.

정답 Brainstorming I-1: ③
Brainstorming I-2: ④

사이버한국외국어대학교
CYBER HANKUK UNIVERSITY OF FOREIFN STUDIES

B 〉 **Brainstorming 2**

다음 밑줄 친 문장을 영작할 때 박스 안에 주어진 단어 중 필요한 것을 골라 아래의 문장 괄호에 넣어 완성해 보세요.

> 두개의 공이 있습니다. 하나는 파란색이고 다른 하나는 붉은 색입니다.
>
> 〈보기〉
> one, another, the other, the others, others
>
> I have two balls. (   ) is blue and (   ) is red.

D 〉 **Dialogue**

Minho Hi Sunmi. How did the interview go?

Sunmi Hi Minho. Thanks to you, I think my interview went quite well.

Minho Oh really? That sounds wonderful. Sunmi, I have some good news, too.

Sunmi What?

Minho Well, I'm going to Canada next week for a professional development course.

정답 Brainstorming II: one, the other

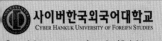
사이버한국외국어대학교
CYBER HANKUK UNIVERSITY OF FOREIFN STUDIES

Sunmi   Oh really? Where in Canada?

Minho   Ottawa.

Sunmi   Ottawa? Hmm, I don't know much about that place.

Minho   Yeah, to most people in Korea, Ottawa is not that famous. As a matter of fact, it's Canada's capital city.

Sunmi   I see. Where is it? Near Toronto?

Minho   Not really, I hear it takes 5 to 6 hours by car from Toronto to Ottawa.

Sunmi   Wow, it's far from the city we've heard about. Is it similar to any other cities in the States?

Minho   Many think it is almost the same as a U.S. city, but actually it is very different.

Sunmi   How is it different?

Minho   Canada was under British control for a long time. However, it still keeps good relations with England and most Canadians speak English.

Sunmi   Then, it is a good place for you to improve your English speaking skills.

Minho   Yes. Did you know that Canada has two official languages?

Sunmi I know that one is English. What is the other one?

Minho   The other one is French. In actual fact, most people in the province of Quebec are of French heritage. They speak French more than English.

Sunmi   Wow, that's interesting. So French is more widely spoken than English in Quebec, huh? By the way, don't you speak French, Minho?

Minho   Yeah, I was going to remind you that French is my major in the cyber university. I want to visit Montreal, Quebec where people speak French, and still keep their French culture and French cuisine. If I go there, then it will put me a step closer to becoming an international chef. I will certainly try going to those places.

Sunmi   Hey, while you are at it, get me some maple syrup for a present.

Minho   Ha, ha, yes, I will. Don't worry. I was going to get you one. The famous maple syrup... hum... Just thinking about it makes me drool.

해 석

민호 안녕하세요 수미씨. 면접은 어땠어요?

선미 안녕하세요 민호씨. 덕분에 면접 잘 본 것 같아요.

민호 정말요? 잘됐네요. 선미씨, 저도 좋은 소식이 있어요.

선미 뭔데요?

민호 흠..다음 주에 직무개발 강의를 들으러 캐나다에 갈 꺼에요.

선미 정말이에요? 캐나다 어느 도시요?

민호 오타와요.

선미 오타와요? 흠... 전 오타와에 대해서는 잘 몰라요.

민호 네. 한국 사람들한테는 오타와가 그렇게 유명하지 않죠. 사실, 오타와는 캐나다의 수도에요.

선미 그렇군요. 어디에 있는 거에요? 토론토 근처인가요?

민호 아니요. 토론토에서 오타와까지 차로 5~6시간이 걸린다고 들었어요.

선미 와, 우리가 들어본 도시하고는 거리가 머네요. 오타와는 미국에 있는 다른 도시들하고 비슷한가요?

민호 많은 사람들이 미국 도시와 거의 똑같다고 생각하지만, 실제로는 매우 달라요.

선미 어떻게 다른데요?

민호 캐나다는 오랫동안 영국 지배하에 있었어요. 하지만, 캐나다는 영국과 좋은 관계를 유지해오고 있고, 대부분의 캐나다인들은 영어를 사용하죠.

선미 그러면, 민호씨의 영어회화 실력을 향상시키기에도 좋은 장소겠네요.

민호 네. 맞아요. 그런데 캐나다는 공용어가 두 개인 거 알고 있어요?

선미 하나는 영어인 것은 알아요. 다른 하나는 뭐에요?

민호 불어요. 사실, 퀘벡주에 사는 대부분의 사람들이 프랑스 자손이에요. 그래서 영어보다는 불어를 사용해요.

선미 와, 흥미롭네요. 그럼 퀘벡에서는 영어보다 불어가 더 많이 사용된다는 거죠? 그런데 민호씨 불어도 할 줄 알죠?

민호 네. 사이버 대학에서 제 전공이 불어인 걸 말하려던 참이었어요. 저는 몬트리올이나 퀘벡도 방문해보고 싶어요. 그 곳 사람들은 불어를 사용하고, 여전히 프랑스 문화와 프랑스 요리를 고수하고 있으니까요. 만약 제가 그 곳에 가게 된다면, 제가 국제적인 요리사가 되는 데 한 걸음 더 가까워지게 될 거에요. 꼭 그 도시들을 방문해야겠어요.

선미 거기 가 있는 동안, 선물로 메이플 시럽을 사다주세요.

민호 하하. 네, 그럴께요. 걱정마세요. 저도 선미를 위해 하나 갖다 주려고 했었어요. 그 유명한 메이플 시럽이라...흠...생각만 해도 군침이 도네요.

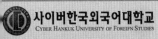

C Comprehension

1. 다음 중 들으신 본문 대화 내용과 맞는 것은?

① Minho had a good interview.
② Minho is going to Canada.
③ Sunmi will be in a professional development course.
④ Sunmi and Minho are in the same company.

2. 다음 중 민호의 계획에 대해서 틀린 것은?

① Minho is going to visit Ottawa.
② Minho is going to be a chef.
③ Minho is going to visit Quebec, too.
④ Minho is going to study for a couple of years in Canada.

정답 Comprehension: 1. ② 2. ④

Coffee Break
잠시 머리를 식히면서 쉬었다가 갈까요?

Who do you
wanna talk to?

언어의 습득에 대한 오해 가운데 하나는 '언어가 조각조각으로 배워 가는 것'이라는 것입니다. 즉, '단어'를 배우고 단어들이 모여 '구'를 이루고 구가 모여 때가 되면 '문장'이 만들어지는 그 과정대로만 언어가 습득된다고 이야기합니다.

그러나 이것은 오해입니다. 언어는 종종 chunk, 즉 덩어리로 습득이 이루어집니다.

중학 1학년 때, 지금과 달리 초등학교시절에 영어를 전혀 접해 보지 못했던 우리였는데, 영어 수업시간에 선생님이 저 뒤에 앉은 어느 친구에게 어떤 질문을 했습니다. 그런데 그 친구가 'I don't know' 하는 소리를 했습니다. 저는 속으로 '와...' 했습니다. 당시에는 매우 긴 문장이라고 생각했고 어떻게 저 친구는 저렇게 긴 말을 할 수 있을까 존경스러웠습니다. 후에 알고 보니 'I don't know' 였습니다. 저는 이 문장을 꿀꺽 삼켰습니다. 중 1실력으로서는 제대로 이해도 분석도 되지 않았지만 이 문장은 제 뇌리에 박혔습니다. 덩어리로 배운 것입니다. 'do'의 용법도 제대로 몰랐던 때이니까요...

제가 8군에서 카투사로 근무 할 때였습니다. 밤늦은 시각, 화장실에 가려고 막사복도를 지나는데 그 날의 당직병(C.Q라고 하는데 Charge of Quarters의 약자)인 어느 미군이 전화를 받고 씨름을 하다가 약간 짜증석인 목소리로 한 말... 'So, who do you wanna talk to?'('그래서, 누구와 통화하기 원하는 겁니까?') 이 말이 지나가다가 제 뇌리에 꽉 박혔습니다. 그리고 나중에 제가 분석을 가만히 해 보니, 제대로 문법적으로 맞는 문장임을 알게 되었습니다. 들린 순간 금방 분석은 안 되었지만, 이 문장은 제게 꿀꺽 삼켜졌습니다. 제가 덩어리로 이 문장을 습득한 것이지요...

여러분, 어디서 들리는 영어문장이 있습니까? 특정 상황에서 들리는 그 것을 꿀꺽 삼키십시오. 외국어습득은 종종 chunk로 이루어져 갑니다. 이해가 좀 안 되어도 말입니다. 분석은 후에 자연스레 있을 때가 있을 것입니다.

Main Study

E ▶ **Expression** I

❶ How did the interview go? (면접은 어떻게 됐어요?)

▶ go → (일 또는 결과가) 되어가다, 진전되다

▷ How did your speech go? (당신의 연설은 어떠했습니까?)

▷ My research is going well. (내 연구는 잘되어가고 있다.)

▷ How goes it with you? (요즈음은 어떠십니까?)

▷ This plan will not go. (이 계획은 잘되지 않을 것이다.)

▶ go는 '어떤 상태에 이르거나 어떤 상태가 되다'라는 의미로도 많이 쓰인다.

▷ go mad → 미치다, 실성하다.

▷ go dead → (엔진이) 멎다, 꺼지다

▷ go white → 얼굴이 창백해지다. 하얗게 질리다

▷ go into hysterics → 히스테리 상태가 되다.

❷ Thanks to you, I think my interview went quite well. (덕분에 면접을 잘 본 것 같습니다.)

▶ thanks to ~ → ~덕택에, ~ 때문에(because of, owing to)

▷ Thanks to Richard, I didn't miss the train. (리처드 덕택에 기차를 놓치지 않았다.)

▷ Thanks to the heavy rain, vegetable prices rose sharply. (비가 많이 와서 채소 값이 급등했다.)

❸ I have some good news, too. (저도 좋은 소식이 있어요.)

▶ news → 소식, 기별, 뉴스거리; 부정관사를 붙이지 않고, 단수 취급한다. news 앞에 'a'를 쓰지 않으며 대신 'a piece of' 등을 씁니다.

▷ No news is good news. (무소식이 희소식이다.)

▷ He brought us a piece of good news. (그는 희소식을 가져왔다.)

❹ I'm going to Canada next week for a professional development course. (다음 주에 직무개발 강의를 들으러 캐나다에 가요.)

▶ be ~ing → 현재진행형. 가까운 미래의 정해진 일을 언급할 때 현재진행형을 사용해서 표현할 수 있다.

▷ I'm leaving for Europe this Sunday. (이번 주 일요일에 유럽으로 떠난다.)

▷ I'm having an early supper with my parents today. (오늘 부모님과 저녁식사를 일찍 먹기로 했다.)

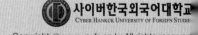

▶ course → 코스, 진행; 일정한 교육과정, 강좌

  ▷ a course of study 학습 과정

  ▷ the humanities (the natural sciences, the technical) course 대학의 문과(이과)

  ▷ a summer course 하기 강좌

❺ Where in Canada? (캐나다 어디요?)

▶ Where is it in Canada? What city is it in Canada?라는 의미.

회화에서는 중간 부분을 생략하고 이렇게 많이 쓰인다.

▶ How different? = How is it different?

❻ As a matter of fact, it's Canada's capital city. (사실 그 곳은 캐나다의 수도입니다.)

▶ as a matter of fact → 실제로는, 사실은

= in fact = in actual fact

  ▷ I read that in college as a matter of fact. (실은 대학에서 그것을 읽었어.)

  ▷ As a matter of fact, I've lost the bag. (사실은 그 가방을 잃어버렸어.)

▶ capital → (명) 수도; 대문자; 자본

(형) 주된; 대문자의; 자본의

  ▷ a capital ship 주력함 (전함·항공모함 등)

  ▷ be of capital importance 아주 중요하다.

  ▷ a capital fund 자본금, 원금.

❼ Not really. (별로 그렇지 않아요.)

▶ 회화에서 많이 쓰이는 표현. '사실이 아니다', '정말 그렇지 않다'라는 의미가 아니라 '꼭 그렇지는 않다, 별로 그렇지는 않다'라는 뉘앙스.

  ▷ Do you like Kimchi? (너 김치 좋아하니?)

  ▷ Not really. (별로 그렇지 않아 (별로 좋아하지는 않아)).

❽ I hear it takes 5 to 6 hours by car from Toronto to Ottawa. (토론토에서 오타와까지 차로 5~6시간 걸린다고 들었어요.)

▶ take → 보통 it을 주어로 하여 '(시간이) 걸리다'라는 의미.

  ▷ You can take your time. (천천히 하셔도 됩니다.)

  ▷ It took me three days to read through this book. (이 책을 다 읽는 데 사흘 걸렸다.)

❾ Canada was under British control for a long time. (캐나다는 오랫동안 영국 지배하에

있었어요.)

▶ under → (보호·억제·지배·지시·감독) 아래, ~하에

▶ control → 관리, 감독, 지배

▶ for a long time → 오랫동안

　▷ Today's lecture is on England under the Stuarts. (오늘의 강의는 스튜어트 왕조 시대의 영국에 대해서입니다.)

　▷ He has nearly twenty men under him. (그에게는 약 20명의 부하가 있다.)

❿ It still keeps good relations with England. (여전히 영국과 좋은 관계를 유지하고 있어요.)

▶ keep → (어떤 동작·상태를) 계속(유지)하다; (지위·입장 등을) 계속 지키다, 유지하다; (길·진로 등을) 계속 나아가다; (교제를) 계속하다.

▶ keep an eye on ~ → ~을 계속 감시하다

　▷ I'll keep an eye on you from now on. (지금부터 당신을 지켜볼 겁니다.)

▶ keep balance → 균형을 유지하다

▶ keep possession of ~ → ~을 계속 소유하다.

▶ keep A from B → A를 B로부터 지키다, A를 B에게 숨기다

　▷ She kept herself from laughing. (그녀는 웃음이 나오는 것을 참았다.)

▶ relations → 복수로 쓰일 때; (국민·국가 간 등의) 관계, 교섭

Q POP QUIZ I ···

Q1 다음 중 잘못된 곳은?

It is not a news that energy consumption is growing.
①   ②   ③   ④

≪Hint≫ news는 보통 단수취급을 합니다. 그러나 부정관사 'a'를 앞에 쓰지는 않습니다. 대신 'a piece of' 등의 단위
를 사용.

Q2 다음 중 뜻이 다른 숙어 하나는?

① as a matter of fact
② actually
③ in fact
④ certainly

≪Hint≫ 다른 세 개는 모두 '사실상', '실제로는' 등등의 의미

정답 Pop Quiz I: 1. ② 2. ④

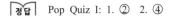

E 〉 Expression Ⅱ

❶ It is a good place for you to improve your English speaking skills. (당신의 영어 말하기 실력을 향상시키기에 좋은 장소군요.)

▶ improve → 개선하다; 향상시키다. 향상되다

improve one's writing → 작문을 향상시키다.

improve one's mind → 교양을 높이다.

improve oneself → (지식의 습득 등에 의해) 자신을 도야하다

▷ Suffering improves the character. (고난을 겪으면 인격이 연마된다.)

▷ His health is improving. (그의 건강은 좋아지고 있다.)

▷ The new T.V. sets have improved in quality. (새 텔레비전 수상기는 성능이 나아졌다.)

❷ Did you know that Canada has two official languages? (캐나다는 공용어가 두 개인 것 알고 있어요?)

▶ official language → 공용어

▶ official → (정부의) 관리; (회사단체 등의) 임원, 직원; 직무상의; 정식의, 공식의

▷ official powers → 직권

▷ an official uniform → 관복

▷ an official statement → 공식 성명

❸ What is the other one? (다른 하나는 뭐죠?)

▶ the other → one, the other 함께 종종 쓰이며 둘 중 하나, 그리고 다른 하나를 가리킴

▷ Is it his left leg? No, it's the other leg which is broken. (왼쪽 다리라고? 아니, 부러진 그의 다리는 다른 쪽 다리야.)

▷ The newsstand is at the other end of the station. (신문 판매대는 역의 다른 쪽 끝에 있습니다.)

▶ the others → some, others 함께 종종 쓰이며 정해진 범위 중 일부분을 뺀 나머지들.

▷ another → 특정하지 않은 또 다른 하나.

▷ others → 범위가 정해지지 않은 것 중에서 다른 부분들.

❹ In actual fact, most people in the province of Quebec are of French heritage. (사실, 퀘백주에 사는 대부분의 사람들은 프랑스 자손이에요.)

▶ province → 주, 지방

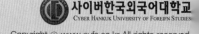

▶ heritage → 유산; 전승, 전통; 천성, 운명.

 ▷ His family has a heritage of enlightenment and prosperity. (그의 집안은 이어받은 계몽과 번영을 누리고 있다.)

 ▷ Debts were his only heritage. (그가 물려받은 유산이라곤 빚뿐이었다.)

▶ of → (유래·기원·출처) <be, come 등의 동사 뒤에서>에서 온, 출신의

 ▷ a man of Ohio 오하이오 출신의 사람, 오하이오에서 온 사람

 ▷ come of a good family 명문 출신

⓯ I was going to remind you that French is my major. (불어가 내 전공이라는 걸 일러주려던 참이에요.)

▶ remind → 생각나게 하다; 일깨워주다; 상기시키다

▶ remind A of B → A에게 B를 생각나게 하다

 ▷ Please remind me of the time of the meeting. (모임의 시간을 내게 상기시켜 주세요.)

 ▷ She reminds me of her mother. (그녀를 보니 그녀의 어머니가 생각난다.)

▶ major → 육군소령; 전공과목
 중대한; 다수의; 전공과목의
 본문에서는 '전공과목'의 의미. 부전공은 minor라고 한다.

⓰ I want to visit Quebec where people still keep their French culture and French cuisine. (사람들이 여전히 프랑스 문화와 요리법을 고수하는 퀘벡을 가보고 싶어요.)

▶ cuisine → (특유한) 요리법, 조리법, 요리.

 ▷ French cuisien → 프랑스 요리

 ▷ an excellent cuisine → 멋진 요리

⓱ It will put me a step closer to becoming an international chef. (그건 제가 국제적인 요리사가 되는 데 한 걸음 다가가도록 해 줄 거예요.)

▶ step → 한 걸음; (목표로의) 일보, 한 단계; 한 조치, 한 방법, 한 수단.

 ▷ step by step → 한걸음 한걸음; 착실히.

 ▷ take steps → 조치를 취하다, 방책을 강구하다.

 ▷ watch one's step → 발밑을 조심하다

▶ chef → 요리사; (호텔, 식당 등의) 주방장

 ▷ This book introduces the five steps to success. (이 책은 성공에 이르는 다섯 단계를 소개하고 있다.)

 ▷ My father regarded a university education merely as a step toward good job. (아버

지는 대학 교육을 단순히 좋은 취직을 위한 한 수단으로 생각하셨다.)

❽ I will certainly try going to those places. (꼭 그 곳에 가보려고 할 거예요.)

▶ try ~ing → (~하는 것을) 시도하다, 시험 삼아 ~해보다(attempt)

▶ try to → (~하려고) 시도(노력)하다

▷ The boy tried moving the heavy sofa. (그 소년은 무거운 소파를 움직이려고 했다.)

▷ He tried walking without a crutch. (목발을 짚지 않고 그는 걸어보았다.)

▷ He tried to climb the tree. (그는 그 나무에 올라가려고 애썼다.)

▷ I tried hard not to laugh at his acting. (그의 연기를 보고 웃지 않으려고 노력했다.)

❾ I was going to get you one. (나는 당신 위해 하나 갖다 주려고 했었어요.)

▶ get → 사다, 얻다

▷ get A B / get B for A → <A를 위해 B를> 얻어다 주다, 가져다 주다.

▷ I got a wrist watch for her. (나는 그녀에게 손목시계를 하나 사주었다.)

▷ I'll get a pillow for you shortly. (곧 베개를 갖다 드리지요.)

▶ 'be going to ~' 꼴은 미래에 할 것을 표현하는 것인데, 과거형(was/were)을 쓰면 과거시점에서 미래의도를 표현.

▷ I was going to ask you about it. (그것에 대해 물어보려고 했다.)

자기가 할 말을 다른 사람이 먼저 했다면 Oh, that's what I was going to say. (아, 그거 내가 말하려 했던 것이야.)

❿ Just thinking about it makes me drool. (생각만 해도 군침이 돌아요.)

▶ drool → 군침을 흘리다

Q POP QUIZ II

Q1 빈 칸에 들어갈 알맞은 표현은?

> I have two cats. One is black and _____ is white.

① the other
② another
③ others
④ the others

≪Hint≫ 둘 중 다른 하나는 the other

Q2 빈칸에 들어갈 알맞은 전치사는?

> She reminds me (   ) her mother.

① for
② on
③ about
④ of

≪Hint≫ remind A of B → A에게 B를 생각나게 하다

정답 Pop Quiz II: 1. ①   2. ④

E ⟩ Exercise Ⅰ

주어진 의미가 되도록 아래 단어 중 적당한 단어를 찾아 채워 넣으세요.

1 '덕분에 제 생각엔 면접을 잘 본 것 같습니다.'

> my, interview, to, think, well, you, went, I, quite
> Thanks (　　) (　　), (　　) (　　) (　　) (　　) (　　) (　　) (　　).

《Hint》 thanks to you: 당신덕택에, go well: 잘되다

2 '토론토에서 오타와까지 차로 5~6시간 걸린다고 들었어요.'

> from, 5 to 6 hours, by, it, Toronto, takes, to, car, Ottawa
> I hear (　　) (　　) (　　) (　　) (　　) (　　) (　　) (　　) (　　).

《Hint》 take: 시간이 걸리다, from A to B: A에서 B까지

3 '여전히 영국과 좋은 관계를 유지하고 있어요.'

> with, good, keeps, England, relations
> It still (　　) (　　) (　　) (　　) (　　).

《Hint》 keep: 유지하다, relations with A: A와의 관계

4 '퀘백주에 사는 대부분의 사람들은 프랑스 자손이에요.'

> are, French, heritage, of
> Most people in the province of Quebec (　　) (　　) (　　) (　　).

《Hint》 province of Quebec: 퀘벡주, be of~: ~로부터 온, ~출신인

5 '어쨌든 저도 제 것으로 하나 사려고 했었어요.'

> get, anyway, to, going, for, one, myself
> I was (　　) (　　) (　　) (　　) (　　) (　　), (　　).

《Hint》 be going to: ~할 것이다, get A for B: B에게 A를 사주다

정답　Exercise Ⅰ　1. to you, I think my interview went quite well
　　　　　　　　　2. it takes 5 to 6 hours by car from Toronto to Ottawa
　　　　　　　　　　혹은 it takes 5 to 6 hours from Toronto to Ottawa by car
　　　　　　　　　3. keeps good relations with England
　　　　　　　　　4. are of French heritage
　　　　　　　　　5. going to get one for myself, anyway

E ⟩ Exercise II

주어진 의미가 되도록 빈칸에 적절한 단어를 넣어 문장을 완성해 보세요.

1 Canada was _____ _____ _____ for a long time.

캐나다는 오랫동안 영국 지배하에 있었어요.

≪Hint≫ under control → 지배하에 있다

2 It is a good place _____ _____ _____ _____ your English speaking skills.

그 곳은 당신이 영어 말하기 실력을 향상시키기에 좋은 장소군요.

≪Hint≫ to부정사의 의미상의 주어는 for+목적격, improve: 향상시키다

3 I was going to _____ _____ _____ _____ _____ _____ _____ .

불어가 내 전공이라는 걸 일러주려던 참이에요.

≪Hint≫ remind A that~: ~임을 A에게 상기시키다

4 I want to visit Quebec _____ _____ _____ _____ their French culture.

사람들이 여전히 프랑스 문화를 고수하는 퀘벡을 가보고 싶어요.

≪Hint≫ 장소를 뜻하는 관계부사 where, keep: 지키다, 유지하다

5 It will put me a _____ _____ _____ _____ an international chef.

그건 제가 국제적인 요리사가 되는 데 한 걸음 다가가도록 해줄 꺼에요.

≪Hint≫ ~하는 데 한걸음 더: step closer to ~ing

정답 Exercise II   1. under British control
                    2. for you to improve
                    3. remind you that French is my major
                    4. where people still keep
                    5. step closer to becoming

Bonus

주유소에서 계산하는 대화입니다. 후반부에는 미국인들이 돈을 세는 독특한 법을 엿볼 수 있습니다.

〈Gas Station II〉

A How much do I owe you?

B Well, that'll be eighteen dollars and seventy cents.
No charge for the cleanup. It's on the house.
[A takes a twenty-dollar bill from his pocket and hands it to the attendant.]

A Well, here's a twenty.

B [He takes the change from the pocket] Ah. OK. That's a dollar and
thirty cents change. [B counts out the change and gives it to A.]
There we go. That makes twenty. Thanks.

A Thank you.

(계산대 앞에서)

A 얼마를 드려야 합니까?

B 자, 18달러 70센트가 되겠습니다. 차 닦아 드린 것은 안 내셔도 돼요. 서비스니까요.
[A가 주머니에서 20달러짜리를 꺼내서 주요소 직원 B에게 건네준다.]

A 그러면, 여기 20달러가 있습니다.

B [주머니에서 잔돈을 꺼낸다.] 아, 예, 그러면 1달러 30센트를 거슬러 드려야겠군요.

[잔돈을 세어 A에게 준다.] 자, 여기 있습니다. 이걸 드리면 20달러가 되겠어요.
감사합니다.

A 감사합니다.

❖How much do I owe you? (얼마를 드려야 됩니까?)
대부분의 미국 주유소는 손님이 스스로 주유하도록 합니다. 종업원이 주유를 하면 인건비 때문에 훨씬 비쌉니다. 스스로 주유할 때, 먼저 주유하고 Office에 가서 값을 지불하기도 하며 아니면 주유하는 그 자리에서 신용카드로 손님 스스로 지불하기도 합니다. Office에 가서 '얼마이지요?'는 말인데 직역하면 '얼마를 빚졌지요'이네요. 계산을 할 때 쓰이는 표현입니다.

❖that'll be~ (얼마가 되겠습니다.)
이 표현은 위의 'how much do I owe you?에 대한 대답으로 주로 쓰이는데'(얼마가) 되겠습니다.'는 'That comes to~'도 쓰입니다.

❖It's no charge = It's on the house. = It's free.

❖That makes twenty (20달러가 됩니다.)
미국인들은 돈 계산을 할 때 손님이 계산해야 할 금액을 먼저 말하고 그 다음에 손님에게 줄 잔돈을 합하지요. 본문의 경우는 주유비로 charge한 18달러 70센트를 먼저 말하고, 그리고 1달러 30센트를 건네주면서 합이 20달러라고 즉 "That makes twenty."(20달러가 됩니다.)라고 말합니다.

Wrap-up

1. Where in Canada?

- Where is it in Canada? What city is it in Canada?라는 의미.
- 회화에서는 중간 부분을 생략하고 이렇게 많이 쓰인다.

2. As a matter of fact,

- as a matter of fact → 실제로는, 사실은
= in fact = in actual fact

3. I know that one is English. What is the other one?

- 둘 중 하나, 그리고 다른 하나를 가리킬 때, one, the other

4. I'll try going to those places.

- try ~ing → (~하는 것을) 시도하다, 시험 삼아 ~해보다(attempt)

5. I was going to get one for myself.

- 'be going to ~' 꼴은 미래에 할 것을 표현하는 것인데, 과거형(was/were)을 쓰면 과거시점에서의 미래의도를 표현.

I wish I had been there

Introduction

Warm-Up

B 〉 Brainstorming 1-1

(Over the phone)
Man   Youngja, I miss you a lot.
Woman Me, too. What time is it there?
Man   It's 7:00 am. I just got up. What time is it there?
Woman It's 6:00 pm. I just got out of work.
Man   I wish I could fly to you.
Woman So do I.

남자   영자씨, 너무 그리워요.
여자   저도요. 거기 몇 시인지요?
남자   오전 일곱 시입니다. 방금 일어났어요. 거긴 몇 시이지요?
여자   오후 여섯시요. 이제 막 직장에서 나왔어요.
남자   지금 당신에게로 날아가면 좋을텐데요...
여자   저도 그래요.

What are they doing?

① They are studying.   ② They are playing games.

③ They are having breakfast.   ④ They are talking over the phone.

B 〉 Brainstorming 1-2

Choose one that is correct about the conversation?

① The man is missing the woman very much.

② The man wants to have a bird as a pet.

③ The man and woman are behind the schedule.

④ The man and woman are now in the same country.

정답 Brainstorming I-1: ④
     Brainstorming I-2: ①

B 〉 Brainstorming 2

다음의 문장과 동일한 뜻을 고르세요.

1

> I wish I were a bird.

　① I am sorry that I am a bird.
　② I am sorry that I am not a bird.
　③ I am happy that I am bird.
　④ I am happy that I am not a bird.

2

> I wish I had bought it.

　① I am sorry that I buy it.
　② I am sorry that I don't buy it.
　③ I am sorry that I bought it.
　④ I am sorry that I didn't buy it.

정답　Brainstorming II: 1. ②,　2. ④

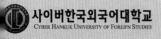

D 〉 Dialogue

(Minho is sitting in a cafe. Sunmi is carrying two coffees and putting them down on the table)

Sunmi It's really hot. Be careful.

Minho Oh, I see. (Minho is smelling the coffee) Hum... it smells so good.

Sunmi I know. So, how was your business trip? Minho, what's the name of the city? Oh yea yea.. Ottawa.. what's it like? Tell me, tell me.

Minho Ha ha... hey, hey, slow down.

Sunmi Oh, I'm just so curious about that place cuz I've never been there.

Minho Well, the city was very clean. It seemed like a combination of well-organized brand new city and a good old European one.

Sunmi I see. How about your training? Did it go well?

Minho Guess what? It was tougher than I had expected. I was working with other managers from many other offices from the Asian region. So, naturally, all of the participants were speaking English to communicate. It was a good experience for me.

Sunmi Wow, that must have been a difficult but worthwhile experience. Did you go to Montreal or Quebec city?

사이버한국외국어대학교
CYBER HANKUK UNIVERSITY OF FOREIFN STUDIE

Minho   I went to Montreal. It was so beautiful. It reminded me of Paris.

Sunmi   Really? I wish I had been there. Did you get a chance to experience French cuisine during your stay?

Minho   Yes, I did. Oh, I can't forget the taste of that escargot dish. It was so delicious. Just thinking about it makes my mouth water. Hum... yummy.

Sunmi   To me, it would be a bit strange to eat a snail, although it's edible.

Minho   Ha, ha, when you taste one, you will see what I mean. Hey, guess what!! I even visited one culinary institute and had an interview with them.

Sunmi   Wow, that's nice. You've always said that you want to be a chef.

Minho   Yup. The most intriguing thing about this institute is that it's affiliated with the Le Cordon Bleu culinary program.

Sunmi   You mean that world famous French culinary school? Wow, that's excellent!

Minho   Yes, isn't that exciting news or what?! It can't get any better. They said I can get into the school anytime I want.

Sunmi   Oh, that's good news, Minho.

Minho   Yes, thanks, Sunmi.

해 석

(민호는 카페 의자에 앉아 있다. 선미는 커피 두 잔을 가지고 와서 탁자에 둔다.)

선미   무척 뜨거워요. 조심하세요.

민호   네, 알겠습니다. (민호가 커피 향을 맡는다.) 음... 향이 좋군요.

선미   네. 그런데 비즈니스 여행은 어땠습니까?

민호씨? (여행 갔던) 도시 이름이 뭐죠? 아 네.. 맞다. 오타와.. 거긴 어때요?

궁금하군요.

민호   하하 네.. 진정하세요.

선미   거기에 저는 한번도 가본 적이 없어서 무척 궁금해서요.

민호   글쎄요, 도시는 아주 깨끗했어요. 도시가 아주 잘 짜여진 최신식 도시와 오래된 유럽의 도시를 합친 것 같았어요.

선미   그렇군요. 교육은 어땠나요? 잘 됐나요?

민호   어떤 줄 알아요? 제가 생각했던 것보다 더 어려웠어요. 아시아 지역의 여러 다른 사무실에서 온 담당자(과장)들과 함께 일을 했어요. 그래서, 자연히 모든 참가자들은 영어로 의사소통을 했고요. 제게는 좋은 경험이었습니다.

선미 와.. 정말 어려웠지만 가치 있는 경험이 되었겠어요. 몬트리올이나 퀘백에도 가셨나요?

민호 몬트리올에 갔어요. 정말 아름다웠어요. 파리를 생각나게 했답니다.

선미 정말요? 저도 거기 있었으면 좋았을 텐데... 거기 있는 동안 프랑스 요리를 먹어본 적이 있나요?

민호 네.. 먹어봤어요. 달팽이 요리의 맛을 아직도 잊을 수가 없네요. 정말 맛있었어요. 그냥 생각만 해도 입에서 침이 흐르네요. 음... 꿀꺽.

선미 근데 달팽이를 먹는 건 제겐 좀 이상합니다, 식용이긴 하지만요.

민호 하하. 하나 먹어보면, 제가 말한 의미를 알겁니다. 이것 보세요. 제가 요리 학원에도 다녀왔는 데, 인터뷰를 했습니다.

선미 이야.. 잘됐군요. 당신 항상 요리사가 되고 싶어 했잖아요.

민호 네. 가장 신기한 건 여기 학교가 Le Corden Bleu의 교육 프로그램과 연계되어 있어요.

선미 세계적으로 유명한 프랑스 요리 학교 말이예요? 정말 잘됐다.

민호 이거 정말 굉장한 소식이지 않나요? 더 이상 좋을 수가 없지요.
학교에서는 제가 원할 때 입학할 수 있다고 합니다.

선미 오. 민호 씨. 좋은 소식이네요.

민호 네, 고마워요. 선미 씨.

C › Comprehension

1. 다음 대화 내용과 맞는 것은 어느 것인지 클릭하세요.

① Sunmi went to Ottawa for business.
② Sunmi is not interested in Ottawa.
③ Minho just got back from Ottawa.
④ Minho attended a school in Ottawa.

2. 다음 대화 내용과 맞는 것은 어느 것인지 클릭하세요.

① Minho wants to own a restaurant.
② Ottawa is the only city Minho has been to in Canada.
③ Minho is accepted by a world famous French culinary institute.
④ Minho communicated both in English and French on his trip.

정답   Comprehension: 1. ③   2. ③

Coffee Break

잠시 머리를 식히면서 쉬었다가 갈까요?

Pass out

유학 중에 일어난 일입니다.

여느 날의 아침처럼 학교에 가려고 아내와 함께 준비하고 있는데
전화벨이 울렸습니다. 간호학을 전공하는 여학생으로부터 온 것인데
전화기 저 쪽에서 들리는 소리가 심상치 않았습니다. 훌쩍 훌쩍 우는
소리가 들리는 것입니다. 깜짝 놀라 무슨 일인가 보니, 아침에 한국에 있는 가족으로부터 갑작
스런 연락을 받았는데 아버님이 돌아가셨다는 청천벽력의 소리를 들었다는 겁니다. 그러면서
비행기 표를 지금 급히 예약해 놓았고 지금 가야하니 공항까지 바래다달라는 간청이었습니다.

아내에게 상황 이야기를 하고, 저는 서둘러 그녀의 집으로 가 보았습니다. 갑작스런 비보를 접
한 이 여학생은 무척 상심에 젖어 있었고 가방을 든 채 떠날 준비를 하고 있었습니다.

공항 가는 차 안에서 이런 저런 말로 위로를 제 나름대로 하여 보았지만, 상심은 매우 커 보였
습니다. 사실 유학 중인 학생들에게 고국으로부터의 가장 겁나는 소식은 연로하신 부모님의 건
강문제입니다. 이 학생의 경우는 혼자 싱글로 나와 있다가 사랑하는 아버님을 잃은 갑작스런
슬픔에 어찌할 바 몰라 했습니다.

공항에서 수속을 받고 게이트까지 배웅을 나갔습니다. 그 때만 해도 911전이어서 환송객이 탑
승구까지 배웅을 나가곤 했습니다. 비행기 문이 닫히고, 저도 심란한 제 마음을 다스리며 비행
기를 보고 있는데 갑자기 안내방송이 들렸습니다. 그 여학생의 이름이 불려 지면서 그 친구 되
는 사람은 지금 게이트를 통과하여 비행기 안으로 빨리 들어오라는 이야기입니다. 스튜어디스
가 황급히 나오더니 'She passed out'이라고 했습니다. 저는 그 때에 이 말의 의미를 몰랐습니
다. 상황으로 볼 때 '그 학생에게 뭔 문제가 일어났구나' 직감적으로 느꼈을 뿐입니다.

스튜어디스는 황당해 하는 저를 데리고 비행기로 안내 했습니다. 가보니 이 학생은 반 실신 상
태였습니다. 출발하려다 이를 목격한 스튜어디스들이 이 학생을 business class 좌석에 앉히고

는 물을 마시게 하고 있었습니다. 그러면서 저보고 아무래도 이런 상태로는 비행이 힘드니 이 학생을 데리고 내리라고 하는 것입니다. 의견을 학생에게 물어 보았으나 이 학생이 큰 소리로 이야기 합니다. 'No. I've got to go. Let's go'라고 큰 소리로 외쳤습니다. 난처해진 스튜어디스가 이 학생을 들어내려 했으나 그것도 잘 안되고 이 학생은 계속해서 "I need to go, now." 합니다. 사실 이 학생은 New York에서 갈아 탈 비행기 시간이 있기에 이 비행기로 가야만 하는 입장이었습니다.

그러자 상황을 지켜보던 남자 승무원이 제게 의견을 묻습니다. "She passed out. Do you think she can go?" 그 질문을 받아 저도 다급하여 이 학생에게 귀에 대고 물었습니다. 그러자 '갈 수 있으니 염려 말라'며 고개를 끄덕입니다. 정신은 어느 정도 있어 보였습니다. 그리고는 'Let's go... Let's go'하며 빨리 가자는 손짓을 합니다. 그러자 사무장이 결심을 한 듯 'OK, Let's go'하며 스튜어디스들에게 눈짓을 합니다. 저는 비행기에서 내렸고 비행기는 천천히 활주로를 미끄러져 나갔습니다.

저는 비행기가 이륙하는 모습을 애잔한 마음이 되어 끝까지 지켜보았습니다...

pass out, 이는 '의식을 잃다'라는 말입니다. 'faint'와 동일한 뜻입니다. '해롱해롱 하다', '실신하다'는 의미입니다.

Main Study

E 〉 Expression Ⅰ

❶ How was your business trip? (비즈니스 여행은 어떠했습니까?)

▶ How was ~ ? '~은 어떻게 되었습니까?'의 의미로 How did the business trip go?, What was the trip like? 등으로도 물을 수가 있다.

❷ Hey. hey. Slow down. (자, 자. 진정하세요.)

▶ slow down은 '속도를 줄이다'의 의미로 여기에서는 '진정 하세요' 정도의 의미이다.
'Calm down' 또는 'Take it easy' 등으로도 표현할 수 있다.

▷ a: I had a huge fight with Sam over nothing.

(샘과 아무것도 아닌 일로 크게 싸웠어.)

b: Again? I knew it. Bastard.

(또? 그럴 줄 알았어. 나쁜 자식)

a: Hey.. take it easy. I'll take care of it myself.

(자, 진정해. 내가 직접 해결할 거야.)

❸ It seemed like a combination of well-organized brand new city and a good old European one. (잘 짜여진 최신식 도시와 오래된 유럽의 도시를 합친 것 같았어요.)

▶ It seems like ~ : ~ 같이 보이다.

▶ 'It seems that ~ ', 'It appears that ~' 등으로 '-처럼 보이다', '-인 것 같다'의 의미로 해석.

▷ *a combination of A and B: A와 B의 결합이다 (A와 B를 합쳐놓은 것 같다.)

▷ My emotion was a combination of anxiety and happiness (걱정과 행복이 교차했다.)

▶ brand new 신제품(의)

❹ Guess what? (그거 알아요?)

▶ You will never know what it is (정말 상상도 못할 거예요...) 정도의 의미로서 대화 시 작할 때, 상대방의 주목을 얻으려는 말.
우리식으로 표현하면, '그거 알아요?' '그거 글쎄 어떤 줄 알아요?' '저기요, 있잖아요.' 정도의 의미이다.

▶ "You know what?" 등으로도 대신하여 사용할 수 있다.

❺ It was tougher than I had expected. (내가 생각했던 것보다 더 어려웠어요.)

▶ It is 비교급 than I expected. '생각보다 더 ~하다'의 의미로 expect 대신 imagine, think

등으로도 쓰인다. It was tougher than I had thought [imagined].

▶ tough: 여기에서는 '어려운'의 의미로 쓰였는데, tough에는 여러 가지 의미가 있다.

　1) 어려운 (challenging. demanding, hard, difficult)

　2) 위험한 That's tough neighborhood. (이 지역은 우범지대이다.)

　3) 질긴 The meat is tough. (고기가 질기다.)

❻ Wow, that must have been a difficult but worthwhile experience. (우와. 힘들었겠지만, 가치 있는 경험이네요.)

▶ must는 1) ~해야만 한다.와 2) ~임에 틀림없다. 두 가지 의미로 사용.

　▷ must be → ~임이 틀림없다. She must be smart. (그녀는 똑똑 함에 틀림없다.)

　▷ must have 과거분사 → ~였었음에 틀림없다. She must have ignored it. (그녀는 그것을 무시했었음에 틀림이 없다.)

Q POP QUIZ I ....

Q1 빈 칸에 들어갈 가장 적적한 전치사를 고르세요.

It seemed (　) a ghost city without any store on the street.

① for
② like
③ to
④ of

≪Hint≫ -처럼 보이다.

Q2 '내가 생각했던 것보다 더 어려웠어요.'의 뜻이 되도록 괄호 안에 들어갈 것을 고르세요.

It was tougher (　) I had expected.

① in
② like
③ as
④ than

≪Hint≫ '~보다'가 있음에 주의

정답 Pop Quiz I: 1. ② 2. ④

E ⟩ Expression II

❼ It reminded me of Paris. (파리가 떠오릅니다.)

▶ remind A of B: A에게 B를 생각나게 하다.

▷ The boy reminds me of his father. (그 소년은 그 아버지를 떠오르게 합니다.)

❽ I wish I had been there. (저도 거기 갔었더라면, 좋았을 텐데요.)

▶ I wish 주어 + 과거완료시제: '~했었더라면 좋을 텐데..'는 의미로 '과거에 실제 ~하지 못했음을 현재 아쉬워함을 뜻함'

▷ I wish she had come here. (그녀가 여기 왔었더라면 좋을 텐데...)

▷ I wish he had studied harder. (그가 공부를 좀 더 열심히 했었다면 좋을 텐데...)

▶ I wish 주어 + 과거시제: '~한다면 좋을 텐데..'는 의미로서 '현재에 실제 ~하지 못하고 있음을 아쉬워하고 있음'을 뜻함

▷ I wish I were more patient. (나는 좀 더 인내심이 있다면 좋겠는데...)

▷ I wish you could do me a favor. (당신이 부탁을 들어주면 좋겠는데...)

❾ Did you get a chance to experience French cuisine during your stay? (머무르는 동안 프랑스 요리를 경험할 기회는 있었습니까?)

▶ *have (get) a chance (opportunity) to do ~: '~ 할 기회를 가지다.'의 의미로 '~할 수 있다.'로 해석.

▶ cuisine : 요리방법, 음식 (dish)

▶ during your stay : 기간을 나타내는 전치사는 for와 during이 있다.
'for' 뒤에는 주로 숫자가 나오는 반면, 'during'은 특정한 기간(방학, 행사 등)이 따라 나온다.

▷ I stayed in New York City for five days.

▷ I stayed in my aunt's house during my summer vacation.

❿ Just thinking about it makes my mouth water. (그거 생각만 해도 입에서 침이 도네요.)

▶ 'The mouth is watering.'은 말 그대로 '아주 맛있어서 입안에서 침이 삼켜진다.'는 뜻으로 'That's delicious.' 'That tastes great.' 또는 일상적으로 'That's yummy.'로도 많이 쓰임. yummy vs. yucky

▶ water '군침 흘리다'라는 의미의 동사로 쓰임.

⓫ Oh, I can't forget the taste of that escargot dish. (아, 그 달팽이 요리를 잊을 수 없어요.)

▶ escargot → 식용 달팽이, dish → 요리, 접시

사이버한국외국어대학교
CYBER HANKUK UNIVERSITY OF FOREIFN STUDIES

❷ You will see what I mean. (내가 의미하는 것을 알게 될 것이다.)

▶ see → 알게 되다.

▶ what I mean → 내가 의미하는 것

▷ I see what you mean. (당신이 의미하는 것을 압니다.)

❸ The most intriguing thing about this institute is that it's affiliated with the Le Cordon Bleu culinary program.

▶ The most intriguing thing is that... : 가장 신기한 것은...

intriguing 대신에 exciting, interesting 등으로 바꾸어 쓸 수도 있다.

▶ be affiliated with~ : ~와 제휴하다. 연계하다.

▶ affiliate

1) 제휴하다. / 제휴, 계열회사

political affiliation: 정치적인 제휴

▷ Bosnian Serbia will affiliate with Serbia in some way. (보스니아 내 세르비아계는 어떤 방법으로든 세르비아와 합병할 것이다.)

2) 계열회사

ex. the World Health Organization, an affiliate of the United Nations
(유엔 산하의 세계보건 기구)

▶ culinary 요리의, 주방의   the culinary art 요리법

❹ Isn't it exciting news or what? (신나는 뉴스지요?)

= Isn't it exciting news?

▶ 'or what?'은 '아니면 뭐겠는가?'의 의미로 신난다는 뜻을 강조함.

❺ It can't get any better. (더할 나위 없이 좋다.)

get better = 좋아지다,   not ~ any = no

더 나아질 수 없다'는 말은 최상급의 의미로 해석한다.

❻ They said I can get into the school anytime I want.

▶ get into ~: ~로 들어가다. 입학하다. (enter, go to)

▶ anytime I want → 내가 원하는 언제라도

Q   POP QUIZ II

Q1 '제휴기관'의 의미로 맞는 단어를 고르세요.

> Hankuk University of Foreign Studies is a(n) (   ) with CyberUniversity of Foreign Studies.

① relation

② family

③ affiliate

④ cooperation

≪Hint≫ 제휴하다, 제휴의 의미로 맞는 것

Q2 다음 문장의 의미에 포함되는 것은?

> I wish I had been there.

① I wanted to be there.

② In fact, I was there.

③ I'm sorry that I was there.

④ I'm happy that I was not there.

≪Hint≫ '내가 거기에 있었더라면 좋을 텐데...'의 의미로 거기에 없었음을 후회하고 있음.

정답 Pop Quiz II: 1. ③   2. ①

사이버한국외국어대학교
CYBER HANKUK UNIVERSITY OF FOREIFN STUDIES

E 〉 Exercise Ⅰ

다음과 같은 뜻이 되도록 빈칸에 주어진 단어를 채워 완성해 보세요.

1 '보스턴에 있는 동안 쇼핑은 할 기회가 있었습니까?'

> any, to, during, shop, chance, have
> Did you ( ) ( ) ( ) ( ) ( ) ( ) your stay in Boston?

《Hint》 have a chance to ~ → ~할 기회가 있다

2 '그 집은 제게 옛날 추억을 떠올리게 하네요.'

> me, reminds, memory, of, old, my
> That house ( ) ( ) ( ) ( ) ( ) ( ).

《Hint》 remind A of B: A에게서 B를 생각나게 하다.

3 '당신은 내 의도를 알 것이다.'

> see, I, mean, will, what
> You ( ) ( ) ( ) ( ) ( ).

《Hint》 what I mean → 내가 의도 하는 바

4 '더할 나위 없이 좋다.'

> any, get, can't, better
> It ( ) ( ) ( ) ( ).

《Hint》 get + 부사 의 꼴로, 비교급으로 최상급을 표현

5 '내가 원하는 언제라도 학교에 들어갈 수 있지요.'

> into, anytime, want, I, the, school, get
> I can ( ) ( ) ( ) ( ) ( ) ( ) ( ).

《Hint》 anytime I want. → 내가 원하는 언제라도

정답 Exercise I   1. have any chance to shop during   2. That house reminds me of my old memory
3. will see what I mean   4. can't get any better
5. get into the school anytime I want

E > Exercise II

영작을 해 보세요.

1 '나도 호주로 크루즈 여행(cruise trip)을 갔었더라면 좋을 텐데...'

_____

≪Hint≫ I wish 로 시작

2 '미팅은 어땠습니까?'

_____

≪Hint≫ how로 시작

3 '어떤 줄 알아요?', '상상이나 했어요?' 등등의 의미로 말을 시작할 때 주로 하게 되는 표현을 쓰세요.

_____

≪Hint≫ guess를 써서

4 그가 이번 여행으로 많은 것을 배운 것 같이 보입니다.

It _____

≪Hint≫ seem 동사를 사용

5 내가 예상한 것보다 더 어렵다

It was _____

≪Hint≫ 어려운 → tough, ~보다 → than

정답 Exercise II　1. I wish I had gone on a cruise trip to Australia.
　　　　　　　　2. How was the meeting? (What was the meeting like?)
　　　　　　　　3. Guess what? 혹은 You know what?
　　　　　　　　4. seems that he learned a lot through this trip.
　　　　　　　　5. tougher than I had expected

사이버한국외국어대학교
CYBER HANKUK UNIVERSITY OF FOREIFN STUDIES

외국 여행 중에 중요한 회의를 앞두고 이발소나 미장원에 가는 경우가 있습니다. 그런데 미국의 경우에 이런 곳에 가기 전에 보통 예약을 해야 합니다. 그러면 오래 기다리지 않고 들어가자마자 곧 할 수 있지요.

(over the phone)

A I'd like to get a hair cut.

  Should I make an appointment,

  or can I just walk in?

B Oh, you have to make an appointment.

A I see. Can I make an appointment at 8:00 tomorrow morning?

B Sure.

(In a barber's)

B How do you want your hair cut?

A I want it shorter on the sides and in the front.

B OK. It needs a trim. Maybe an inch shorter... is it all right?

A I'd like it just a little shorter than that.

(pause)

B How does that look?

A Yes, that looks all right.

(전화로)

A   이발을 하고 싶습니다. 예약을 해야 하나요? 아니면 그냥 가면 되나요?

B   오, 예약을 해야 합니다.

A   알겠습니다. 내일 아침 8시에 예약해도 되는지요?

B   물론입니다.

(이발소에서)

B   어떻게 이발할까요?

A   양 옆과 앞을 짧게 하고자 합니다.

B   네, 다듬어드리지요. 1인치 짧게요... 괜찮으세요?

A   그것보다는 조금 더 짧게요.

(쉼)

B   어떠세요?

A   네. 좋습니다.

❖I'd like to get a hair cut → 이는 I'd like to get my hair cut과 동일한 의미로 구어체에서 자주 쓰입니다.

❖Can I just walk in? → 그저 (예약 없이) 들어가다.

❖On the sides and in the front → '머리 양 옆과 앞에'. 어려운 말은 아니지만 막상 생각하려면 잘 생각나지 않는 표현입니다.

❖It needs a trim. → 'trim' 명사, 동사 모두 동일한 형태입니다.
  •My hair needed a trim. I'd just like a trim.
  •She trimmed his hair.

Wrap-up

1. Guess what?

- 대화 시작할 때, 상대방의 주목을 얻으려는 말.
- "You know what?" 등으로도 대신하여 사용할 수 있다.

2. It was tougher than I had expected.

- It + is + 비교급 + than + I + expected. '생각보다 더 ~하다.'의 의미.
  expect 대신 imagine, think 등으로도 쓰인다.
- It was tougher than I had thought [imagined].
- tough : 여기에서는 '어려운'의 의미

3. I wish I had been there.

- I wish 주어 + 과거완료시제: '~했었더라면 좋을 텐데...'는 의미로 '과거에
  실제 ~하지 못했음을 현재 아쉬워함을 뜻함'

4. You will see what I mean.

- see → 알게 되다.
- what I mean → 내가 의미하는 것

5. It can't get any better.

- '더 나아질 수 없다'는 말로 최상급 의미.

I usually don't go by any recipes, you know

Introduction

말하기 포인트

요리 관련된 표현하기.

유용한 표현

Thanks for having us over.
You're more than welcome.
Cooking for one is not really worth all the time and effort.
I usually don't go by any recipes, you know.
Sometimes I make do with what I have.

Warm-Up

B 〉 Brainstorming 1-1

Man	How do you like my ramyon?
Woman	I love it. How did you cook it? Can you get me the recipe?
Man	Sure. I just put lots of ginger and cheese in it.
Woman	Ginger and cheese?
Man	Yea.
Woman	Hum... How creative you are!
Man	Thank you.

남자	내가 만든 라면 어때요?
여자	좋아요. 어떻게 요리했지요? 조리법을 주실 수 있어요?
남자	물론이죠. 단지 생강하고 치스를 많이 넣었답니다.
여자	생강하고 치스요?
남자	네.
여자	흠... 참 창조적이시군요... 맛있어요.
남자	고맙습니다.

What are they talking about?

① How to use ginger.　② How to cook cheese.

③ How to deliver the recipe.　④ How to cook ramen.

B 〉 Brainstorming 1-2

How does the woman like the food?

① She thinks it is a creature.

② She thinks it is good for dating.

③ She thinks it is wonderful.

④ She thinks it is a usual way of cooking.

정답　Brainstorming I-1: ④

　　　Brainstorming I-2: ③

사이버한국외국어대학교
CYBER HANKUK UNIVERSITY OF FOREIFN STUDIES

B 〉 Brainstorming 2

여러분은 지금 어느 대형식당의 주방에 와 있다고 가정해 봅시다.
요리하느라 모두 부산합니다.
이 상황과 연결되어 나옴직한 대화가 아닌 것을 ☑ 하세요.

- Hey, it's too salty. Let's add more water.
- Don't use any more sugar on that pie, it will ruin the flavor of berries.
- Could you chop up some onions for the soup?
- He tried to make a reservation for three tonight, but it's all booked up.
- Oh, two more medium rare stakes on the grill!
- And don't put so much pepper, the customers like the freshly grinded pepper instead.
- Only cash is accepted in this restaurant.
- Do you have a corner table available?
- Put more pepper and curry powder for more spice.

D 〉 Dialogue

▶▶ phone conversation

James Hi, Minho. Before you go to Canada, why don't you and Sunmi come over?

Minho Wow, that's great. Thank you.

James No problem. I'll see you guys at noon on Saturday.

정답 Brainstorming II: He tried to make a reservation for three tonight, but it's all booked up.
Only cash is accepted in this restaurant.
Do you have a corner table available?

(James' home)

Minho   Thanks for inviting us.

Sunmi   Yeah, thanks for having us over.

James   You're more than welcome. I often invite people... well, not often, really... I sometimes have guests, because I enjoy cooking and I eat better if I cook.

Minho   That's true. When I cook for myself it usually tastes horrible. So, I like to invite somebody over and cook a bigger meal. What about you, Sunmi?

Sunmi   Well, I like cooking. Um... but.. yea, you're right. Cooking for one is not really worth all the time and effort. By the way, what is your specialty, James?

James   I have about three recipes that I use which is my total repertoire of dishes. If somebody comes more than three times to my place... they'll get the same thing.

Minho   Haha... What is the best one?

James   Well, anything with fish and vegetables. I do not really like meat, but I eat fish and seafood a lot. After I came to Korea, Bibimbap was added up to my list as my second favorite kind of food. If you want, I can give you the recipes.

Minho   Thank you. But, I usually don't go by any recipes, you know. I kind of have my own style. Sometimes I just see what's in the refrigerator and cupboard, make do with what I have, and create my own special meal.

Sunmi   Minho, you are creative when it come to cooking. I think you will become a famous chef someday.

James   Yeah. In an (quoting gesture) i-n-t-e-r-n-a-t-i-o-n-a-l hotel.

Sunmi   Why not?

Minho   Yeah. Actually, I have my own seasonings and that's kind of fun.

James   Hey, Minho, invite us over. I'll be always happy to wash the dishes after you cook.

해 석

제임스   안녕 민호. 캐나다로 가기 전에, 선미랑 함께 놀러오지 않겠어요?

민호   와, 좋아요. 감사합니다.

제임스   천만에요. 그럼 토요일 정오에 보기로 해요.

(제임스의 집)

민호   저희를 초대해주셔서 고맙습니다.

선미   방문하게 해주셔서 감사합니다.

제임스   정말 환영합니다. 저는 가끔 사람들을 초대하곤 해요...사실 자주는 아니구요...가끔 손님이 옵니다. 저는 요리하는 걸 즐기고, 직접 요리를 하면 더 잘 먹게 되어서요.

민호   맞아요. 저도 제가 먹으려고 요리를 하면 보통은 맛이 형편없어요. 그래서 저도 누군가를 초대해서 좀 더 푸짐한 식사를 하는 것이 좋아요. 선미씨는 어때요?

선미   글쎄요. 저도 요리를 좋아해요. 음..하지만..네..맞는 말이에요. 한 사람을 위해서 요리를 하는 건 시간과 정성을 들일 가치가 별로 없죠. 그런데, 가장 자신있는 요리가 뭐예요, 제임스?

제임스   저는 약 3가지의 요리법을 가지고 있는데, 그것들이 제가 만들어낼 수 있는 음식의 전부에요. 누구든지 저희 집에 3번 이상 오게 되면...같은 걸 먹게 될 꺼에요.

민호   하하. 최고의 요리법은 뭐죠?

제임스   글쎄요. 생선과 야채로 만드는 음식이요. 저는 육류는 별로 좋아하지 않지만, 생선과 해산물은 많이 먹어요. 제가 한국에 온 후로, 비빔밥도 제가 두 번째로 좋아하는 음식 종류에 들게 됐어요. 원하시면, 요리법을 가르쳐 드릴께요.

민호   고맙습니다. 하지만, 저는 보통 요리법대로 따르지 않아요. 저만의 스타일을 가지고 있거든요. 가끔씩 냉장고와 찬장 안에 뭐가 있는지를 보고서는, 갖고 있는 걸 가지고 저만의 특별한 음식을 만들어요.

선미   민호씨, 요리에 관해서는 창의적이네요. 민호씨는 언젠가 유명한 주방장이 될 꺼에요.

제임스   맞아요. (인용하는 제스처를 취하며) 그것도 국-제-적-인 호텔에서요.

선미   물론이죠.

민호   사실, 저는 저만의 조미료가 있어요. 그것도 꽤 재미있거든요.

제임스   민호씨, 저희를 초대해줘요. 민호씨가 요리하고 나면 기꺼이 제가 설거지를 할 테니까요.

사이버한국외국어대학교
CYBER HANKUK UNIVERSITY OF FOREIFN STUDIES

C > Comprehension

1. 내용과 맞는 것은 어느 것인지 클릭하세요.

① Sunmi is a nice cook.

② James is ordering the food for his guests.

③ Minho and Sunmi are visiting James'.

④ Minho, Sunmi and James are treated in a fancy restaurant.

2. 내용과 맞는 것은 어느 것인지 클릭하세요.

① James is good at cooking noodles and vegetables.

② James eats better when he orders dishes.

③ When Minho cooks for himself, the food usually tastes great.

④ Minho wants to be an international chef.

정답 Comprehension: 1. ③   2. ④

Coffee Break

잠시 머리를 식히면서 쉬었다가 갈까요?

vet

'vet' 이것이 무슨 의미인지 아시는지요?

바로 veterinarian, 즉 수의사를 이렇게 부릅니다. 지금은 우리나라에도 애완동물을 기른 분들이 많은데요, 특별히 대표적인 애완동물은 강아지일 것 같습니다.

유학시절, 아내가 강아지를 너무 좋아해 당시 거금 200불을 주고 cocker spaniel 브라운 색의 새끼 한 마리를 샀습니다. 지금은 한국에서도 이 종을 쉽게 봅니다만, 그 때만 해도 저희는 미국에서 처음 이 종을 보고서 너무 귀여워 택했습니다. 이름은 '콩쥐'라고 지었습니다. ㅎㅎㅎ

이 강아지로 인해 많은 행복들이 있었지요... 우선 공원에 데리고 나가면 사람들은 이 강아지를 보고 저희에게 쉴 새 없이 말을 붙여왔습니다. 이름이 뭐냐, 몇 개월 되었느냐, 뭘 잘 먹느냐, 수놈이냐 암놈이냐 부터 시작해서 자기도 이런 종을 길렀었다, 자기 친구가 이런 종을 기르는데 그것도 귀엽다 등등 말입니다. 그런데 그 사람들은 말입니다. 강아지가 귀엽다고 쓰다듬을 때 그저 안 쓰다듬고요, 반드시 제게 먼저 허락을 받더라고요... 'Can I pet your dog?'(쓰다듬어도 되요?) 이렇게 말입니다. Sure. 하면 비로소 쓰다듬고 또는 'So cute!!!' 하면서 자기 얼굴에 부비고 하더군요....

미국에는 애완동물이 어디든 많으니 꼬마들은 vet이 되는 것이 꿈인 경우가 많습니다. 수의사는 그들의 직업의식도 정말 투철합니다. 아내가 임신했던 어느 때였는데, 주변의 한국 사람들이 아기에게는 강아지가 안 좋으니 이제 강아지를 처분하는 것이 좋겠다고 조언을 했습니다. 그런데 미국인 친구들은 한결같이 아무 문제가 없다고 하더군요... 자신도 태어날 때부터 자기 집에 강아지가 있었다면서 건강 아무 문제없지 않느냐고 말입니다. 그리하여 우리는 정말 태어날 아기에게 안 좋은지 마치 감기가 걸린 강아지 치료 차 vet에게 갔을 때 물어보았습니다. 이제 아기가 태어날 텐데 문제가 없느냐고 물었지요. 그런데 이 여의사가 이러더군요.

"네, 문제가 있을 수 있습니다. 그렇기 때문에 강아지가 상처를 받지 않도록 산부인과병원에서 돌아오는 날, 현관에서 아기를 내려놓고 강아지를 반드시 안아주고 아기냄새를 맡게 해 주세요. 관심이 아기에게로만 가면 상처를 받고 질투할 수 있습니다."

오잉?! 저희는 망연자실... 이렇게 자신의 직업의식이 투철 한 분은 처음이었습니다...

Main Study

E〉 Expression Ⅰ

❶ Why don't you come over? (놀러오지 그래요?)

▶ why don't you~? → (권유·허가·동의를 나타내어) ~하면 어때
how about~?과 같은 의미.

▶ come over → 집에 방문하다
over가 '이쪽으로; (말하는 사람의) 곳[집]으로'라는 의미를 가지고 있으며, 본문에서
'come over' 이외에도 'have over', 'invite over'가 모두 같은 뜻으로 사용됨.
▷ Why don't you make it yourself? (당신이 직접 만들면 어떨까요?)
▷ Why don't you try a little harder? (좀 더 노력하는 것이 어때요?)

❷ You're more than welcome. (환영하는 것 이상이에요; 정말 환영합니다.)

▶ more than → ~이상, ~보다 더
본문에서는 환영한다는 의미를 강조하는 뜻으로 사용.

❸ I enjoy cooking and I eat better if I cook. (저는 요리하는 것을 즐기고 직접 요리를 하면
더 잘 먹습니다.)

▶ enjoy+~ing → enjoy는 동명사를 목적어로 취하는 동사.
동명사만을 목적어로 취하는 동사에는 MEGAFE 족속이 있습니다.
mind, enjoy, give up, avoid, finish, escape 등이 있다.
▷ He is enjoying a smoke. (그는 맛있게 담배를 피우고 있다.)
▷ I don't really enjoy driving there. (거기에 차를 몰고 가는 것은 별로 내키지 않는다.)

❹ When I cook for myself it usually tastes horrible. (저 자신을 위해서 요리를 할 때는 대
개 맛이 형편없어요.)

▶ for oneself → 자신을 위해서 스스로
▶ by oneself → 홀로
▶ be oneself → 본래(평소)의 자신이다.
▶ in spite of oneself → 자신도 모르게
▶ horrible → 무서운, 끔찍한; 본문에서는 '형편없는'이라는 의미로 사용.
▶ taste는 자동사이므로 형용사를 보어로 취하는 것에 주의.
ⓒ It smells delicious. This tastes good.

❺ cook a bigger meal. (푸짐한 식사를 요리하다.)

▶ meal → 식사, 한 끼 식사; 식사하다

▶ a light (a heavy) meal → 가벼운 (든든한) 식사.

▶ have (take) a meal → 식사를 하다.

▷ I'm starving. I need a big meal. (배고파죽겠어요. 밥 많이 주세요.)

▷ I had a light meal this morning. (오늘 아침에는 식사를 가볍게 했어요.)

❻ Cooking for one is not really worth all the time and effort. (한 사람만을 위해서 요리를 하는 것은 요리하는 시간과 정성을 들일 가치가 별로 없죠.)

▶ worth → ~할 가치가 있는, 종종 be worth ~ing

▶ advice worth taking → 받아들일 만한 가치가 있는 충고.

▷ The advice is worth taking. (그 충고는 받아들일 만합니다.)

▶ a book worth reading → 읽을 만한 가치가 있는 책

▶ a play worth seeing → 볼만한 가치 있는 연극

▷ The task is worth the extra effort. (그 일은 좀 더 노력할 가치가 있다.)

▷ This picture is worth one million dollars. (이 그림은 백만 불의 가치가 있다.)

▷ Learning a foreign language is very difficult, but it's worth it. (외국어를 배우는 것은 매우 어렵지만 해볼 만한 가치가 있다.)

▷ What is worth doing at all is worth doing well. (<속담> 해볼 가치가 있는 일이라면 모두 훌륭히 할 가치가 있다.)

❼ What is your specialty? (가장 잘 하는 요리가 뭡니까?)

▶ specialty → 전문, 전공, 장기; 자랑할 만한 물건

▶ make a specialty of~ → ~을 전문으로 하다

▷ Art criticism is his specialty. (예술 비평이 그의 전문이다.)

▷ The chef of the hotel served his own specialty to the guests. (그 호텔의 주방장이 자신이 가장 자신 있는 요리를 손님들에게 대접했다.)

Q POP QUIZ Ⅰ ···

Q1 다음 중 잘못된 부분은?

Do you mind to smoke in the room?
①   ②   ③   ④

≪Hint≫ mind는 동명사를 목적어로 취하는 동사.

Q2 빈칸에 들어갈 알맞은 단어는?

The play is (   ) seeing.

① need
② only
③ worth
④ necessary

≪Hint≫ be worth ~ing : ~의 가치가 있다.

정답 Pop Quiz I: 1. ③   2. ③

❽ my total repertoire of dishes (내 요리의 전체 목록)

▶ repertoire → 레퍼토리, (연극, 오페라 등의) 전 작품, 상연 종목

▶ dish → 접시; 요리, 음식

▶ do(wash) the dishes → 설거지하다, 접시를 씻다.

▶ Chinese dishes → 중국 요리.

▶ one's favorite dish → 좋아하는 음식.

▶ a heavy[a plain] dish → 기름진[담백한] 요리.

▷ My husband and I enjoyed the dishes offered.

(남편과 나는 차려진 음식을 맛있게 먹었다.)

▷ It's your turn to wash the dishes. (네가 설거지할 차례야.)

❾ Bibimbap was added up to my list. (비빔밥이 내 목록에 추가되었어요.)

▶ add up to → 합계 ~이 되다; <□> 결국 ~이라는 것이 되다.

▷ Two and two add up to four. (2 더하기 2는 4가 된다.)

▷ His explanation of the problem adds up to nonsense.

(그 문제에 관한 그의 설명은 무의미하다.)

❿ I usually don't go by any recipes. (저는 대개 요리법을 따르지 않습니다.)

▶ go by → ~에 따르다.

▷ Go by the rules. (규칙대로 하시오.)

▷ Don't go by what the newspapers say. (신문에 난 대로 믿지 마라.)

⓫ make do with what I have and create my own special meal. (내가 갖고 있는 음식만을 가지고 나만의 특별한 요리를 만들어내다.)

▶ make do (with)~ → (~으로) 때우다, 불충분하나 그런대로 참다

▷ We made do with sandwiches. (우리는 샌드위치로 끼니를 때웠다.)

⓬ You are creative when it comes to cooking. (요리에 관해서라면 당신은 참 독창적이군요.)

▶ creative = originative

▶ when(if) it comes to ~ → ~에 대해서(관해서)라면.

이때의 to는 전치사로써, to다음에는 명사나 동명사가 와야 한다.

▷ When it comes to sports, you can't beat John. (스포츠에 관해서라면 당신은 존을 당할 수 없다.)

❸ Why not? (그렇고말고요. 좋고말고요. 왜 아니겠습니까?)

❹ I have my own seasonings. (제가 만든 저만의 조미료를 가지고 있어요.)

▶ seasoning → 양념, 조미료

season에 '맛이 들다'라는 뜻이 있어 여기서 유래.

Q POP QUIZ Ⅱ

Q1 다음 중 'dish'의 뜻이 다르게 쓰인 문장은?

① I love Chinese dishes which taste sweet.
② It's your turn to wash the dishes.
③ What she made was my favorite dish.
④ I have a stomach ache and I don't like a cold dish.

≪Hint≫ '그릇'의 뜻으로 쓰인 문장은? 나머지는 모두 '음식'

Q2 빈칸에 들어갈 알맞은 동사는?

When it (   ) to swimming, you can't beat Sue.

① speaks   ② goes
③ says   ④ comes

≪Hint≫ when it comes to → ~에 관해서라면

정답 Pop Quiz Ⅱ: 1. ② 2. ④

E 〉 **Exercise I**

다음의 뜻이 되도록 주어진 단어를 이용하여 빈칸에 문장을 완성해 보세요.

1 '당신하고 선미가 놀러오는 게 어때요?'

you, come, don't, and, Sunmi, over

Why (   ) you (   ) (   ) (   ) (   )?

≪Hint≫ why don't you → ~가 어때?, come over → 놀러오다

2 '토요일 정오에 만나기로 해요.'

you, at, Saturday, see, noon, on

I'll (   ) (   ) (   ) (   ) (   ) (   ).

≪Hint≫ I'll see you 시간 → ~때 보자./ at noon → 정오

3 '제 자신을 위해 요리할 때는 보통 맛이 형편없어요.'

it, horrible, myself, tastes, for, usually

When I cook (   ) (   ), (   ) (   ) (   ) (   ).

≪Hint≫ for oneself → 스스로를 위해, usually는 일반동사 앞에 위치. taste → 맛이 나다.

4 '요리에 대해서라면 당신은 창의적이군요.'

when, to, cooking, creative, it, comes

You are (   ) (   ) (   ) (   ) (   ) (   ).

≪Hint≫ when it comes to~ → ~에 관해서라면.

5 '당신이 요리한 후에 저는 항상 설거지하는 것을 기뻐할 겁니다.'

you, cook, happy, after, to, dishes, wash, the

I'll be always (   ) (   ) (   ) (   ) (   ) (   ) (   ).

≪Hint≫ be happy to → ~하는데 행복해하다/ wash the dishes → 설거지하다.

정답 | Exercise I 1. don't, and, Sunmi, come, over 2. see you at noon on Saturday
3. for myself, it usually tastes horrible 4. creative when it comes to cooking
5. happy to wash the dishes after you cook

E 〉 Exercise II

다음의 뜻이 되도록 빈칸에 문장을 완성해 보세요.

1 I like to invite somebody _____ and cook a bigger _____.

나는 누군가를 우리 집으로 초대해서 더 푸짐한 식사를 요리하는 것을 좋아합니다.

《Hint》 over → 우리 집으로/ meal → 식사

2 By the way, what is your _____?

그런데, 당신이 가장 잘 하는 것이 무엇입니까?

《Hint》 전공, 장기, 여기서는 가장 잘 하는 요리.

3 Bibimbap was _____ _____ _____ my list as my second favorite kind of food.

비빔밥이 제가 두 번째로 좋아하는 음식으로 제 목록에 추가되었어요.

《Hint》 add up to → 합쳐서 ~가 되다.

4 I usually don't _____ _____ _____ _____.

저는 보통 어떤 요리법도 따르지 않습니다.

《Hint》 go by → 따르다/ recipe → 요리법

5 I just _____ _____ _____ what I have and _____ my own special meal.

저는 그냥 가지고 있는 것만으로 저만의 특별한 음식을 만들어냅니다.

《Hint》 make do with → 부족하지만 그런대로 참다/ create → 만들어내다.

정답 Exercise II 1. over, meal 2. specialty
3. added up to 4. go by any recipes
5. make do with, create

B Bonus

해외여행 시에 종종 차를 렌트하는 경우가 있습니다. 미국여행의 경우는 아마도 유럽여행보다 렌트카가 더 유용한 수단입니다. 이때 나오는 표현을 알아봅시다.

A I'd like to rent a car for a week.

B What size car do you need?

A A compact car, please. I'd like an automatic.

B Well. We have only stick shift cars for this week.

A Hum. OK, I can handle that. Does it have air conditioning?

B Sure.

A How much does it cost per day?

B 30 dollars a day, unlimited milage.

A OK, that would be fine.

B I need a major credit card and a driver's licence.

A International driver's licence will do?

B Yes.

A 한 주간 동안 차를 빌리고 싶습니다.

B 어떤 크기의 차를 원하는지요?

A 소형이요. 자동을 원합니다.

B 근데요. 이 번 주에는 수동기아 밖에는 없는데요.

A 흠... 해 보지요... 에어콘은 있나요?

B 물론입니다.

A 얼마인가요?

B 30불입니다. 주행거리 관계없이요.

A 네. 좋습니다.

B 주된 신용카드와 운전면허증이 필요합니다.

A 국제운전면허증도 되나요?

B 네.

❖A compact car: 렌트카를 빌릴 때, 기본적으로 보통 차의 사이즈에 따라 값 차이가 납니다. compact car는 small car를 이야기 하고요, mid-sized car는 중형차를 가리킵니다. 그리고 full-sized car는 대형차를 이릅니다. 여기서 더 세분하여 compact car보다 더 작은 subcompact car가 있고, 또 full-sized car 보다 더 호화스런 premium car, luxury car 등도 회사에 따라서는 구별하는 곳도 있습니다.

❖stick shift: 우리는 흔히 '오토', '기아'... 이렇게 구별합니다만 원래 영어로는 'automatic', 'stick shift' 이렇게 말합니다. 즉 '자동변속', '수동변속' 차량을 말합니다.

❖unlimited milage: 이 말은 마일 수에 제한을 두지 않는다는 말입니다. 즉, 이 차를 빌려서 100마일을 운전하든 500마일을 운전하든 제한을 두지 않는다는 말이지요.

❖international driver's licence: 국제운전면허증입니다. 운전면허시험장에 가면 발급해 준답니다. 보통 1년 이내의 기한이 있습니다.

❖major credit card: 국제적으로 널리 알려진 카드회사를 말합니다. visa, master card 등이 여기 해당됩니다.

Wrap-up

1. Thanks for having us over. (초대해 주셔서 감사합니다.)

- over가 '이쪽으로; (말하는 사람의) 곳[집]으로'라는 의미.
- 'come over'이외에도 'have over', 'invite over'가 모두 같은 뜻으로 사용됨.

2. You're more than welcome. (환영하는 것 이상이에요; 정말 환영합니다.)

- more than → ~이상, ~보다 더
- 본문에서는 환영한다는 의미를 강조하는 뜻으로 사용.

3. Cooking for one is not really worth all the time and effort.

(혼자 먹으려고 하는 요리는 별로 시간과 노력을 들일 가치가 없습니다.)
- worth → ~할 가치가 있는
  종종 be worth ~ing
- advice worth taking → 받아들일 만한 가치가 있는 충고.
  The advice is worth taking. (그 충고는 받아들일 만합니다.)

4. I usually don't go by any recipes. (저는 대개 요리법을 따르지 않습니다.)

- go by → ~에 따르다.
  Go by the rules. (규칙대로 하시오.)
  Don't go by what the newspapers say. (신문에 난 대로 믿지 마라.)

5. Sometimes I make do with what I have.

(때때로 내가 갖고 있는 것만을 가지고 만들어 냅니다.)
- make do (with)~ → (~으로) 때우다, 불충분하나 그런대로 참다
  We made do with sandwiches. (우리는 샌드위치로 끼니를 때웠다.)

13
LESSON

Pick-up at the airport

Introduction

말하기 포인트

손님 마중하기.

유용한 표현

Can you do me a favor?
I was supposed to pick him up at the airport.
I am glad that you put it that way.
Smooth flight all the way.
Is this your first visit to Korea?

Warm-Up

B〉 Brainstorming 1-1

(공항에서)
W Welcome to Korea!
M Oh, thank you for coming to meet me.
W You're welcome. So, how did you like your flight?
M It was quite good. A long flight... for 16 hours.
W You must be very tired.
M well, a little bit. But I am excited that I am now in Korea.

W 한국에 오심을 환영합니다.
M 오, 마중 나오심을 감사합니다.
W 천만에요. 비행은 어떠했나요?
M 아주 좋아요. 긴 비행이었어요... 열여섯 시간이요...
W 피곤하시겠군요.
M 약간요, 그러나 한국에 있다는 사실이 흥분이 되는 걸요.

Where do you think they are?

① port   ② station
③ airport   ④ bus terminal

B〉 Brainstorming 1-2

Choose a correct statement.

① 남자는 이제 떠나려는 순간이다.
② 여자는 이제 한국에 도착했다.
③ 남자는 가까운 인근 국가에서 온 손님이다.
④ 여자는 공항에 남자를 마중 나왔다.

정답 Brainstorming I-1: ③
Brainstorming I-2: ④

Brainstorming 2

외국에서 오는 손님을 맞이하러 공항에 나간 경우에 통상 할 수 있는 대화와는 거리가 먼 것을
☑하세요.

- Welcome to Korea!
- How nice to have you here.
- It was nice meeting you.
- How was the flight?
- Let me carry one of those bags for you.
- I hope you will come back sometime.
- Have a good flight and I'll see you next year.

 Dialogue

Manager   Hello, Minho. Can you do me a favor?

Minho   Sure thing, what is it?

 Brainstorming II: It was nice meeting you.
                     I hope you will come back sometime.
                     Have a good flight and I'll see you next year.

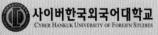
사이버한국외국어대학교
CYBER HANKUK UNIVERSITY OF FOREIFN STUDIES

Manager You remember Paul Smith from the training session in Canada, don't you?

Minho Yes, I remember. He is the marketing manager at the Toronto office. What about him?

Manager Well, he is visiting the Seoul office for a week. And I was wondering if you could pick him up at the airport and bring him to the hotel. I was supposed to pick him up, but I have a meeting with our client this evening.

Minho All-righty. That's not a problem. I'll take care of Mr. Smith.

Manager Oh, thank you Minho, I appreciate it.

Minho No sweat, boss.

(Now Minho at the airport)

Smith Hello Mr. Kim. What a surprise! Nice to see you again.

Minho Oh, you just arrived? Nice to see you too. Manager Park couldn't greet you tonight because he has a meeting at our client's site. He wanted me to tell you that he is sorry for not picking you up himself.

Smith I see. That's all-right, the client always comes first. It's just good to see a familiar face here, Mr. Kim. Otherwise, it would've been difficult to find you amidst all of these people. In fact, I've never met Mr. Park before.

Minho Well, I am glad that you put it that way, Mr. Smith.

Smith Come on. You can call me Paul.

Minho　Oh, OK, Paul. Please call me Minho, Paul.

Smith　All right.

Minho　So how was your flight?

Smith　It was quite good... smooth flight all the way. Oh, I had a bi-bim-bob for dinner on the flight. What an interesting dish it was!

Minho　Hope you liked it. Let me carry one of your bags, Paul.

Smith　Oh thank you, Minho. Here this one is not heavy.

Minho　I will take you to the hotel. Mr. Park made a reservation at The Hyatt.

Smith　Sounds good.

(Minho is driving. In the car)

Minho　Well, is this your first visit to Korea, Paul?

Smith　Yes, it's my very first time in Korea. I know that I have a lot of work to do in the office, but I am so thrilled to be here and experience Korean culture first-hand.

Minho　Yeah, hope you like Seoul. Well, the hotel is downtown and it will take about an hour to get there from the airport.

Smith　I see. It seems that downtown Seoul is far from the airport. Is it?

Minho　Yes. The time it takes to get there also depends on how bad traffic is.

Smith　Oh, that's right. Most cities in the world have problems with traffic in their city-centers.

Minho Mr. Park's secretary managed to book a room facing downtown. The rooms facing downtown have such a nice nighttime view of downtown Seoul. Hope you like the view from the room.

Smith I'm sure it will be wonderful.

Minho Oh, Mr. Park will pick you up in the lobby at 8:30 tomorrow morning.

Smith I see. Thank you so much for everything, Minho.

Minho My pleasure.

해석

부장 안녕하세요, 민호씨. 부탁 하나만 들어줄래요?

민호 물론이죠. 무슨 일이에요?

부장 캐나다에서 연수받는 기간동안 봤던 폴 스미스 기억하죠?

민호 네. 기억납니다. 토론토 지사의 마케팅 매니저였잖아요. 그 사람 왜요?

부장 음, 그 사람이 일주일동안 서울 지사를 방문하러 온답니다. 그래서 민호씨가 그 사람을 공항으로 마중나가서 호텔까지 데려다줄 수 있을까 해서요. 제가 직접 마중을 나가려고 했는데, 오늘 저녁에 고객과의 미팅이 생겨서요.

민호 알겠습니다. 문제없습니다. 제가 잘 모셔다 드리지요.

부장 오, 고마워요 민호씨. 정말 감사합니다.

민호 천만에요, 부장님.

(공항에서)

스미스 안녕하세요, 김 씨. 정말 놀랐어요. 다시 만나게 되니 반갑습니다.

민호 오, 지금 막 도착하셨나요? 저도 다시 만나뵙게 되어 좋군요. 박 부장님이 오늘밤에 인사를 못 드리게 되었습니다. 고객과 미팅이 있어서요. 저한테 직접 마중나오지 못해 죄송하다고 전해 달라셨어요.

스미스 그렇군요. 괜찮습니다. 고객이 항상 우선이죠. 여기서 친숙한 얼굴을 보게 되니 참 좋아요, 김 씨. 그렇지 않았다면 제가 이 많은 사람들 속에서 당신을 알아보려면 꽤 힘들었을 겁니다. 사실, 전 박 부장님을 한 번도 뵌 적이 없거든요.

민호 네, 그런 식으로 생각해주시니 기쁘네요, 스미스 씨.

스미스   오 저기요... 저를 폴이라고 부르셔도 됩니다.

민호   오, 알겠습니다. 폴씨, 저를 민호라고 부르세요.

스미스   알겠습니다.

민호   그런데 비행기 여행은 어떠셨어요?

스미스   오, 좋았습니다... 오는 내내 순조로웠어요. 참, 비행기에서 석식으로 비빔밥을 먹었어요. 정말 재미있는 음식이던지요!

민호   좋아하셨기를 바래요. 제가 가방 하나를 들겠습니다, 폴씨.

스미스   오 고마워요, 민호씨. 여기 이것이 안 무거운 것이네요.

민호   제가 호텔까지 모셔다 드리겠습니다. 박 부장님이 하얏트 호텔에 예약을 해두셨어요.

스미스   잘 됐군요.

(민호가 운전하고 있다. 차 안에서)

민호   음, 이번이 한국에 처음 오신 건가요, 폴씨?

스미스   네, 한국에 바로 이번이 처음입니다. 사무실에서 제가 할 일이 많이 있다는 것은 알고 있지만, 여기에 와서 한국 문화를 직접 체험해 볼 수 있다는 게 몹시 설레이는군요.

민호   네, 서울을 좋아하셨으면 좋겠네요. 호텔은 시내에 있습니다. 공항에서 호텔까지는 대략 한 시간 반 정도 걸릴 겁니다.

스미스   그렇군요. 서울시내는 공항에서 먼 가 봅니다.

민호   네. 도착하는 데 시간이 얼마나 걸릴지는 교통정체에 달려있기도 합니다.

스미스   오, 맞아요. 세계의 대부분의 도시는 도심에서의 교통으로 문제이지요.

민호   박 부장님의 비서가 시내를 향하고 있는 방을 어떻게 잘 예약해두었어요. 시내를 향하고 있는 방들은 서울시내의 멋진 밤경치를 볼 수 있어 전망이 아주 좋습니다. 방에서 경관이 잘 보였으면 좋겠네요.

스미스   정말 경관이 멋질 것 같아요.

민호   참, 박 부장님이 내일 아침 8:30분에 로비에서 만나 태우실 거예요.

스미스   알겠습니다. 여러 가지로 고마워요, 민호씨.

민호   천만에요.

C Comprehension

1. Choose a correct statement.

① Minho dropped Paul in the airport.
② Minho and Paul are working in the airport.
③ Minho picked up Paul in the airport.
④ Paul was nowhere to be seen in the airport.

2. Choose a correct statement.

① Mr. Park came to meet Paul in the airport.
② Minho have not met Mr. Smith before.
③ Paul and Mr. Smith came to visit Korea.
④ Minho gave a ride to Paul to a hotel.

정답 Comprehension: 1. ③ 2. ④

사이버한국외국어대학교
CYBER HANKUK UNIVERSITY OF FOREIFN STUDIES

Coffee Break

잠시 머리를 식히면서 쉬었다가 갈까요?

Names

밥? Bob?
Robert??

미 8군에서 생활할 때 만난 미군들의 이름 중에, 사실 흔한 이름이었지만 어떻게 발음하는지 그때까지도 잘 알지 못한 경우가 있었습니다. 그 중 한 이름이 Stephen 입니다. 이를 발음할 시에 ph를 저는 [f]로 발음하였으나 후에 [v]발음인 것을 새로이 알게 되었습니다. 그러니까 '스티븐' 이렇게 해야지요...

또, Michael이라는 이름도 저는 당연히 [mikael], 즉 '미카엘'이라고 발음을 하였습니다. 그러나 이는 [maikəl], 즉 마이클 임을 나중에 알게 되었습니다. 그 흔한 미국 이름인 '마이클'은 바로 이 이름입니다. Michael 철자가 좀 쉽지는 않습니다.

제가 유학 가서 첫 번째 룸메이트의 이름은 Robert였는데, 미국인들은 이 친구를 Bob(밥)이라고 부르더라고요. 바로 Robert의 애칭입니다. 예전에 미 대통령 후보 Bob Dole을 기억하시나요? Robert Dole인데 이렇게 애칭으로 부르지요. 한 번은 유학생들이 오랜만에 모여 밥을 함께 해 먹으며 밥이 아주 맛있다고 두런두런 이야기를 하는데, Bob, 이 친구가 지나가다가 듣고서는 나중에 제게 와서 심각하게 묻더군요. 한국인 유학생들이 자기를 홍보하는 것 같다고 말입니다... 하하

서로 친한 관계에서 애칭을 사용하는 경우가 많은데요, 위의 Stephen은 Steve, Michael은 Mike로 종종 부릅니다.

몇 가지 더 살펴볼까요?

남자 이름과 그 애칭	여자 이름과 그 애칭
Alexander → Alex	Alexandra → Sandra
Andrew → Andy	Catherine → Cathy
Anthony → Tony	Cynthia → Cyndy
Christoper → Chris	Elizabeth → Liz/Betty
Daniel → Danny	Jacqueline → Jackie
Frederick → Fred	Margaret → Maggie
James → Jim/Jimmy	Mary → Molly
Nicholas → Nick	Patricia → Patty
Peter → Pete	Rebecca → Becky
Thomas → Tom	Susan → Sue
William → Bill/Willy	Victoria → Vicky

Main Study

E ⟩ Expression Ⅰ

❶ Can you do me a favor? (부탁 좀 들어주실래요?)

- ▶ favor → 친절한 행위, 호의, 호의를 보이다.
- ▶ do a person a favor → ~에게 호의를 베풀다 = do a favor for a person
- ▶ Can you do me a favor? = Can I ask you a favor?
  - = Can I ask a favor of you?
- ▶ in favor of → (일에) 찬성하여, 편들어.
- ▶ favor A with B → (A에게 B로서) 호의를 보이다, 은혜를 베풀다.
- ▶ without favor or partiality → 공평하게, 편드는 법 없이.
  - ▷ Will you favor me with your company? (동행해 주시겠습니까?)
  - ▷ He is in favor of abortion. (그는 낙태에 찬성한다.)

❷ Sure thing. (물론이죠.)

- ▶ sure thing → 물론, 그렇고 말고; 확실한 것.
- ▶ to be sure → 확실히, 물론. = for sure
- ▶ make sure → 확인하다, 다짐하다.
  - ▷ She is right, to be sure, but I just can't accept it. (과연 그녀의 말이 옳기는 하지만, 나는 그것을 받아들일 수가 없다.)
  - ▷ I made sure of her arrival. (나는 그녀의 도착을 확인했다.)

❸ What about him? (그가 어때서요? 그가 왜요?)

- ▶ what about ~ → ~에 관한 어떤 것 이지요?
  - ▷ A: I don't think people understand him.
    B: What?
    A: Oh, I'm talking about Edison, an inventor.
    B: What about him?
    A: 사람들은 그를 이해 못할 거야...
    B: 뭐라구요?
    A: 아, 유승준이요... 가수...
    B: 그에 관한 어떤 것이요? (그가 왜요?)

❹ He is visiting the Seoul office for a week. (그가 일주일동안 서울지사를 방문할 예정이에요.)

▶ 현재진행형으로 가까운 미래의 확정된 일을 표현.

▷ My mother is coming home this week. (엄마가 이번 주에 집에 오신다.)

▷ She is giving birth to a baby in two days. (그녀는 이틀 후면 아이를 분만한다.)

❺ I was wondering if you could pick him up at the airport. (당신이 그를 공항에서 마중해줄 수 있는지 궁금합니다.)

▶ wonder → 기이하게 여기다, ~일까 생각하다, 의아하게 여기다.

▶ pick up ~ → ~을 차에 태우다. 대명사가 목적어로 올 때는 중간에 위치함.

pick you up, pick him up, pick it up.

cf pick up the garbage. 쓰레기를 줍다

▷ I wonder if you'd look after my dog while I go shopping. (제가 쇼핑하러 간 동안만 제 개를 봐주실 수 없으신지요.)

▷ I am wondering if you can come to my birthday party. (내 생일 파티에 와주지 않을래?)

▷ Please pick me up at the hotel. (호텔로 와서 나를 좀 태워다줘요.)

❻ I was supposed to pick him up. (그 분을 마중 나가 태워주기로 했었어요.)

▶ be supposed to~ ; ~하기로 되어 있다.

▷ My son is supposed to wait for me here. (제 아들은 여기서 저를 기다리기로 되어 있습니다.)

▷ You are not supposed to smoke inside the building. (실내에서는 금연입니다.)

❼ All- righty. (알겠어요.)

▶ all-righty → all-right의 좀 더 구어체적인 표현.

❽ I'll take care of Paul. (제가 폴을 맡겠습니다.)

▶ take care of → ~을 책임지고 맡다, ~을 돌보다.

▷ My sons are too young to take care of themselves. (내 아들들은 어려서 자기 일도 못한다.)

▷ Take good care of yourself. (몸조심하십시오. 안녕히 계십시오.)

▷ They took good care of the child. (그들은 그 아이를 잘 돌보아 주었다.)

▶ Take care! 몸조심 해!

Bye! Take care! (주로 헤어질 때)

❾ I appreciate it. (감사합니다.)

▶ appreciate → 이해하다(=진가를 알다), 감사하다.

▷ You can't appreciate jazz unless you understand its rhythm. (재즈는 그 리듬을 이해하지 못하면 감상할 수가 없다.)

▷ I appreciate your cooperation. (당신의 협력에 감사합니다.)

▷ We would appreciate it if you help us. (도와주시면 감사하겠습니다.)

❿ No sweat. (걱정 마세요.)

▶ sweat → 땀을 흘리다, 열심히 일하다; (구어) 근심걱정하다.

▶ no sweat → 걱정 마라, 아무렇지도 않다. = No problem.

▷ He sweated with anxiety. (그는 불안해서 식은땀을 흘렸다.)

▷ I am sweating for that mistake. (나는 그 실수 때문에 고생하고 있다.)

⓫ Manager Park is unable to greet you tonight. (박부장님은 오늘 밤에는 인사를 못 오십니다.)

▶ be unable to ~: ~할 수 없다

⓬ The client always comes first. (고객이 항상 우선이죠.)

▶ come first → 우선하다.

🆑 First come, first served. → 선착순

▷ Work comes first. (일이 우선이다.)

Q POP QUIZ I ·························

Q1 다음 중 'appreciate'의 뜻이 다른 하나는?

① I appreciate your cooperation.
② We would appreciate it if you help us.
③ He appreciated what you've done for him.
④ You can't appreciate English novel unless you understand its vocabulary.

≪Hint≫ '감사하다'가 아닌 '이해하다'라는 뜻으로 쓰인 문장은?

Q2 다음 중 'unable'의 동의어는?

① incapable
② dull
③ lethal
④ direct

≪Hint≫ '~을 하지 못하는'의 뜻을 가진 단어.

정답 Pop Quiz I: 1. ④ 2. ①

E ⟩ Expression Ⅱ

❸ It's just good to see a familiar face, here. (여기서 친숙한 얼굴을 보니 그냥 좋아요.)

▶ familiar → 보통의; 잘 아는; 친한

▷ Drive-in restaurants are a familiar sight in America. (미국에서는 드라이브인 레스토랑을 흔히 볼 수 있다.)

▷ Your name is familiar to me. (존함은 익히 알고 있습니다.)

▷ He talks in a familiar tone even to a stranger. (그는 모르는 사람한테조차도 친근한 어조로 말한다.)

❹ Otherwise, it would've been difficult for each other to find you amidst all of these people. (이 모든 사람들 중에서 서로를 찾으려면 꽤나 힘들었을 거예요.)

▶ It... for... to v... 형식으로 '가주어 + 의미상의 주어 + 진주어'

▶ otherwise → 그렇지 않았다면 **cf** 그렇지 않으면

He was very sick at the final. Otherwise he might have won.

그는 매우 아팠다. 그렇지 않았다면 그는 이겼을지도 모른다.

I'm glad that she is here with him, otherwise he would be sick.

그녀가 그와 함께 있어 좋다. 그렇지 않으면 그는 아플지도 모른다.

▶ would have been → 조동사 + have + p.p 형태를 취하는 가정법으로 과거에 실제는 일어나지 않은 일, 즉 서로 찾는 일은 없었지만 있다고 가정해 보는 것. '~였을 것이다'라는 의미로 사용한다.

조동사에 따라 의미가 달라진다.

▶ amidst = among, amongst ~사이에, ~중에.

❺ I am glad that you put it that way. (그런 식으로 생각해주시니 기쁩니다.)

▶ put은 여기서 '말하다'의 의미.

▷ I do not know how to put it. (그것을 어떻게 말로 표현했으면 좋을지 모르겠다.)

▷ Put the following into English (다음을 영역하라.)

❻ You can call me Paul.

▶ 공식적인 명칭으로 부르다가 어느 정도 친분이 있을 때, first name으로 부르라고 이야기할 수 있습니다. 이런 이야기 있기 전에 first name으로 부르면 무례하게 들릴 수 있습니다.

❼ How was your flight? (비행은 어떠셨습니까?)

▶ flight → 비행, 비행기 여행,

▶ a night flight → 야간 비행
▶ Flight number 25 → 제 25편 비행기
  ▷ His imagination took flight. (그의 상상력은 나래를 폈다.)

⑱ Smooth flight all the way. (내내 순조로운 비행이었어요.)
▶ smooth → 매끄러운, 평탄한; 순조롭게 나아가는.
▶ all the way → 도중에 내내, 줄곧
  ▷ I ran all the way to the station that night. (나는 그날 밤에 역까지 줄곧 달렸다.)
  ▷ We travelled all the way from Chicago to New York. (우리는 시카고에서 뉴욕까지 줄곧 여행을 했다.)

⑲ What an interesting dish it was! (그건 참 재미있는 음식이더군요.)
▶ What a(an) 형 + 명 + 주 + 동
▶ dish → 요리, 음식.

⑳ Mr. Park made a reservation at the Hyatt. (박 부장님이 하얏트 호텔에 예약을 해놓으셨어요.)
▶ reservation → (좌석, 방 등의) 지정, 예약.
▶ make a reservation → 예약하다.
  ▷ Did you make a hotel reservation for tonight? (오늘 밤 묵을 호텔은 예약하셨습니까?)

㉑ Is this your first visit to Korea? (이번에 한국에 오신 것이 처음이십니까?)
▶ 통상 우리는 '한국에 몇 번째 오시는 거지요?' 이렇게 물어보는 것이 상례인데, 영어로는 이렇게 묻습니다. 자주 쓰는 표현입니다.

㉒ It's my very first time in Korea. (한국에 온 것이 틀림없이 처음이에요.)
▶ very → (최상급이나 그와 유사한 말, 특히 best, last, next, first 등을 강조하는 말로 보통 the가 앞에 붙는다.) 바로, 순전히, 꼭 그대로.
  ▷ He drank to the very last drop. (그는 마지막 한 방울까지 다 마셨다.)
  ▷ He thought a dog would be the very best pet. (그는 개야말로 가장 좋은 애완동물일 거라고 생각했다.)

㉓ I am so thrilled to be here and experience Korean culture first-hand. (여기에 와서 한국 문화를 직접 체험할 수 있어 정말 설렙니다.)
▶ thrill → 오싹하게 하다, 가슴 설레게 하다.
▶ first-hand → 직접적으로(↔ secondhand); 원래의; 직접 구입한, 직접 들어온[얻은].

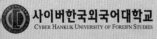

first-hand information : 직접 얻은 정보.

first-hand investigation : 실지 조사.

first-hand goods : 직접 구입한 물품.

▷ I am thrilled with my new home. (새 집을 갖게 되어 가슴이 설렌다.)

▷ She was thrilled that he would escort her. (그가 바래다준다는 말에 그녀는 마음이 들떠 있었다.)

❷❹ It seems that downtown Seoul is far from the airport. (서울 시내는 공항에서 멀리 떨어져 있나 보네요.)

▶ downtown → 시내, 도심

▶ far → (거리, 시간, 정도) 멀리, 멀리 떨어져; (형용사의 비교급 앞에서) 훨씬.

▷ How far is it from here to the park? (여기서 공원까지 얼마나 떨어져 있나요?)

▷ Did he go far? (그는 멀리 갔나요?)

❷❺ Mr. Park's secretary managed to book a room facing downtown. (박 부장님 비서가 시내를 향하고 있는 방을 가까스로 예약해놓았습니다.)

▶ manage to V → 용케 잘 해내다, 어떻게든 하다.

▶ book → (좌석, 출연, 방, 서비스 등을) 예약하다.

▶ face → ~쪽을 향하다; (방·창문 등이) ~에 면해 있다.

▷ He managed to catch the train. (그는 간신히 열차를 탈 수 있었다.)

▷ The flower faces the light. (그 꽃은 빛 쪽을 향한다.)

▷ My bedroom faces the park. (내 침실은 공원에 면해 있다.)

▷ I rented an office facing the park. (공원에 면한 사무실을 빌렸다.)

❷❻ The rooms facing downtown have such a nice nighttime view of downtown Seoul. (시내를 향한 방들은 서울의 시내야경 조망이 아주 멋집니다.)

▶ view → 전망, 조망,

▷ a room with a nice view (전망이 좋은 방)

▷ a room with ocean-view (바다가 보이는 방)

▷ a room with mountain-view (산이 보이는 방)

❷❼ My pleasure. (천만에요.)

= You're welcome.

= No problem.

= Don't mention it.

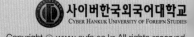

사이버한국외국어대학교
CYBER HANKUK UNIVERSITY OF FOREIFN STUDIES

Q POP QUIZ II

Q1 다음 빈칸에 들어갈 알맞은 단어는?

> I rented an office (   ) the river.

① looking

② facing

③ flying

④ taking

≪Hint≫ '~를 향하고 있는'이란 뜻을 가진 동사.

Q2 다음 문장들 중 뜻이 확연히 다른 하나는?

① I appreciate it.

② Don't mention it.

③ It's my pleasure.

④ No problem.

≪Hint≫ '천만에요'를 뜻할 수 없는 문장은?

정답 Pop Quiz II: 1. ② 2. ①

E Exercise I

다음과 같은 뜻이 되도록 빈칸에 주어진 단어를 적절한 순서로 넣어 문장을 완성해 보세요.

1 '부탁 좀 들어주실래요?'

do, a, you, me, favor
Can (   ) (   ) (   ) (   ) (   )?

≪Hint≫ do a person a favor → 부탁이 있다.

2 '당신이 그를 공항에서 마중해줄 수 있는지 궁금합니다.'

if, the, pick, wondering, you, up, could, him
I was (   ) (   ) (   ) (   ) (   ) (   ) (   ) at the airport.

≪Hint≫ pick up과 함께 쓰는 대명사는 그 중간에 위치함.

3 '이 모든 사람들 중에서 서로를 찾으려면 꽤나 힘들었을 거예요.'

amidst, been, for, us, each, other, would've, difficult, to, find
It (   ) (   ) (   ) (   ) (   ) (   ) (   ) (   ) (   ) all of these people.

≪Hint≫ would have been: ~였을 거다/ It... for...to v

4 '그분을 만나 차로 모시기로 되어있습니다.'

supposed pick was to him up
I (   ) (   ) (   ) (   ) (   ) (   ),
but I have a meeting with our client this evening.

≪Hint≫ be supposed to v → ~하기로 되어 있다. 대명사인 경우 pick과 up 사이에 위치.

5 '박 부장님 비서가 시내를 향하고 있는 방을 가까스로 예약해놓았습니다.'

book, facing, to, downtown, managed, a, room
Mr. Park's secretary (   ) (   ) (   ) (   ) (   ) (   ) (   ).

≪Hint≫ manage to: 가까스로~하다/ facing downtown: 시내를 향하는

정답 | Exercise I   1. you do me a favor   2. wondering if you could pick him up
3. would've been difficult for us to find each other amidst
4. was supposed to pick him up   5. managed to book a room facing downtown

E 〉 Exercise II

의미가 통하도록 알맞은 말을 넣어보세요.

1 Manager Kim is _____ _____ _____ _____ tonight.

김 부장님은 오늘밤에는 인사를 못 오십니다.

《Hint》 be unable to: ~하지 못하다/ greet: 인사하다.

2 The client always _____ _____ .

고객이 항상 우선이죠.

《Hint》 come first: 우선하다

3 I am glad that you _____ _____ _____ _____ .

그런 식으로 생각해주시니 기쁩니다.

《Hint》 put it that way: 그런 식으로 받아들이다, 그런 관점에서 생각하다.

4 It was a _____ _____ _____ _____ _____ .

오는 내내 줄곧 순조로운 비행이었어요.

《Hint》 줄곧: all the way

5 It's my _____ _____ _____ in Korea.

한국에는 정말 처음으로 오는 거네요.

《Hint》 first 앞의 very는 강조하는 말.

정답 Exercise II   1. unable to greet you   2. comes first
                     3. put it that way   4. smooth flight all the way
                     5. very first time

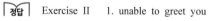

본문에는 공항에 마중 나오는 상황이었는데, 이 Bonus에서는 손님을 떠나보내는 배웅의 상황에 있을 때 나올 수 있는 표현을 보겠습니다.

A Thank you very much for coming to see me off.

B My pleasure. We'll meet again some day, I hope.

A Oh, I think we'll have a chance to see each other at the Chicago conference next year.

B Oh, yeah. That's right.

A I'll show you around Chicago, then,

B Thank you. I'll be looking forward to seeing you there.

A You'll be more than welcome.

B Will you drop me a line as soon as you get home?

A Sure. I appreciate your hospitality.

B No problem. It was very nice having you. Have a nice trip.

A 배웅해 주셔서 감사합니다.

B 천만에요.

A 내년에 시카고 회의에서 만날 텐데요.

B 아, 네. 맞아요.

A 그 때 시카고를 둘러보시지요.

B 감사합니다. 그곳에서 뵙기를 바랍니다.

A 환영합니다.

B 당신이 댁에 도착한 후 소식 전해주실 수 있지요?

A 물론입니다. 당신의 호의에 감사합니다.

B 천만에요. 당신을 모실 수 있어 기뻤습니다. 즐거운 여행 되세요.

❖ see ~ off → ~을 배웅하다.

❖ We'll meet again some day, I hope. → I hope가 앞에 나올 수도 있으나, 구어체에서는 뒤로 쓰는 경우도 많음.

❖ get together → 함께하다, 만나다

❖ show you around ~ → 당신을 ~로 안내하여 구경시키다.

❖ look forward to ~ing → ~할 것을 학수고대하다.

❖ drop ~ a line → ~에 짧은 소식을 전하다.

❖ hospitality → 호의

Wrap-up ···

1. Can you do me a favor? (부탁 좀 들어주실래요?)

- favor → 친절한 행위, 호의, 호의를 보이다.
- do a person a favor → 부탁이 있다. = do a favor for a person

2. I was supposed to pick him up at the airport.

(그 분을 공항에서 마중 나가 태워주기로 했었어요.)
- be supposed to~ ; ~하기로 되어 있다.

3. I am glad that you put it that way. (그런 식으로 생각해주시니 기쁩니다.)

- put은 여기서 '말하다'의 의미.

4. Smooth flight all the way. (내내 순조로운 비행이었어요.)

- smooth → 매끄러운, 평탄한; 순조롭게 나아가는.
- all the way → 도중에 내내, 줄곧

5. Is this your first visit to Korea? (이번에 한국에 오신 것이 처음이십니까?)

- '한국에 몇 번째 오시는 거지요?' 이렇게 물어보는 것이 우리는 상례인데, 영어로 자주 묻는 표현 방식.

LESSON 14

We are looking for a nice sweater for my father

말하기 포인트

쇼핑하기.

유용한 표현

We are looking for a nice sweater for my father.
Could you give me a little discount?
That will save you some money.

Warm-Up

B 〉 Brainstorming 1-1

> W May I help you?
> M I'm just looking, thank you.
> W If you need any help, please let me know.
> M Thank you.
>
> W 무얼 도와드릴까요?
> M 단지 구경하겠습니다.
> W 도움이 필요하시면 알려주세요.
> M 감사합니다.

이 대화는 어디에서 종종 나올 수 있는 대화인지요?

① 공항
② 학교
③ 백화점
④ 우체국

B 〉 Brainstorming 1-2

위 글의 내용을 정확히 묘사한 것은?

① 남자는 구걸하러 온 사람이다.
② 남자는 구경만 하려고 한다.
③ 여자는 남자의 저 행동이 불편하다.
④ 여자도 남자와 같이 구경할 것이다.

정답 Brainstorming I-1: ③
Brainstorming I-2: ②

사이버한국외국어대학교
CYBER HANKUK UNIVERSITY OF FOREIFN STUDIES

B 〉 Brainstorming 2

쇼핑할 때 주로 나오는 단어나 구절이 아닌 것을 ☑하세요.

- ▦ These items are on sale this week.
- ▦ How much is that?
- ▦ What time does the next train leave?
- ▦ May I try this on?
- ▦ What size do you wear?
- ▦ After you hear the dial tone, dial the area code first.
- ▦ How would you pay for this?
- ▦ Do you have anything cheaper?

D 〉 Dialogue

▶▶ Minho and Sunmi in the department store

Sunmi Have you decided what to get for a Christmas present for your parents, Minho?

Minho No, I haven't decided yet. It is so difficult. I really want to give them a great gift

정답 Brainstorming II: What time does the next train leave?
After you hear the dial tone, dial the area code first.

but I have a little money to spend on it.

Sunmi   You'd better decide quickly because you do not have much time to shop. It is the last weekend before the holiday.

Minho   Yeah, I know. I am thinking about buying my parents some nice clothing.

Sunmi   What do you have in mind?

Minho   Umm, maybe a sweater for my father and some nice blouses for my mother and sister.

Sunmi   Okay, let's start with your father. Let's take a look at that shop over there.

Clerk   Merry Christmas! May I help you?

Sunmi   Yes, please. We are looking for a nice sweater for my father.

Clerk   Okay, no problem. We have a vast selection of sweaters. Please take a look at these.

Minho   Oh, it is difficult for me to decide with so many colors to choose from.

Sunmi   Do you know your father's favorite color, Minho?

Minho   Yes, it is baby blue.

Clerk   Okay then, how about this one here. This design is quite new for a pullover clothing.

Sunmi   It is quite a popular sweater this winter. This seems to look a little too trendy for an old man. But, I think it will look very stylish on a gentleman like your father.

By the way, how much is this?

Clerk   It is 90,000 won not including tax.

Minho   Hmm, could you give me a little discount? I'm on a tight budget.

Clerk   Well, I will not charge you tax on it. That will save you some money.

Minho   Thanks but it is still a little too expensive for my budget. Please, could you lower the price of the sweater just a little? Maybe lower the price by ten percent?

Clerk   Let's see. With the ten percent discount, the jacket will cost 81,000... well...

Minho   I think I will get this sweater for the discounted price. It is within my budget range. The color's nice and looks stylish, too.

Clerk   All right. What size does he wear?

Minho   A large, I think. He is 6'2", a bit tall.

Clerk   Would you like to gift-wrap this?

Minho   Oh definitely.

Sunmi   Okay, one down and we have two more to go. Let's look for some pretty blouses for your mom and sister now.

Minho   Yeah. Look there's a women's clothing store over there with signs that read fifty percent discounts on all the clothes! Let's hurry, Sunmi.

해석

▶▶▶ 민호와 선미가 백화점에서

선미   부모님께 드릴 성탄 선물 결정했어요, 민호?

민호   아직 결정 못했어요. 너무 어려워요. 정말 좋은 선물을 해드리고 싶은데 돈이 조금밖에 없어요.

선미   쇼핑 갈 시간이 별로 없으니까 빨리 결정하세요. 휴가 전 마지막 주말이잖아요.

민호   네, 알아요. 부모님께 옷을 사드릴까 생각중이에요.

선미   어떤 걸 생각하고 있는데요?

민호   음..아버지께는 스웨터, 어머니랑 여동생 것으로는 예쁜 블라우스요.

선미   좋아요. 그럼 아버지께 드릴 것부터 시작해요. 저쪽에 있는 가게부터 한 번 가보죠.

점원   무엇을 도와드릴까요?

선미   네. 제 아버지께 드릴 스웨터를 찾고 있어요.

점원 그러시군요. 저희 가게에는 스웨터가 아주 많아요. 이걸 한 번 보시죠.

민호 고를 색상이 많아 결정하기가 어렵습니다.

선미 아버지가 가장 좋아하시는 색깔이 뭔지 알아요, 민호?

민호 네. 하늘색이요.

점원 그럼 이건 어떠세요? 풀오버 옷으로서는 새로운 디자인예요.

선미 이건 이번 겨울에 인기가 많은 스웨터에요. 연로하신 분들이 입으시기에는 조금 유행에 치우친 스타일일 수도 있어요. 하지만 민호 아버지 같은 신사분이 입으셔도 아주 멋질 것 같아요. 그런데 이 것 얼마에요?

점원 부가세를 빼고 90,000원입니다.

민호 음... 좀 깎아주시겠어요? 예산이 빠듯해서요.

점원 그럼 부가세를 받지 않겠습니다. 그러면 비용을 좀 절약하실 수 있겠네요.

민호 고맙습니다. 그런데 제 예산보다는 여전히 조금 비싸요. 스웨터 가격을 조금만 낮춰주세요. 10% 정도 낮춰주시면 안될까요?

점원 글쎄요. 10%를 할인하면 8,100원이 되는데... 음...

민호 그 가격에 살께요. 그 가격이면 제 예산으로 살 수 있어요. 색깔도 마음에 들고 스타일도 멋져요.

점원 알겠습니다. 아버지가 몇 사이즈를 입으시죠?

민호 라지요. 키가 6'2''로 약간 크세요.

점원 이거 포장해드릴까요?

민호 오 그럼요.

선미 자 그럼 한 가지는 해결이 되었고, 두 개가 남았군요. 이제 어머니와 여동생 블라우스를 보러가죠.

민호 네. 저쪽에 있는 여성의류 가게를 봐요. 모든 옷이 50% 세일이라는 표지가 있어요. 어서 가죠, 선미!

C Comprehension

1. 민호는 누구에게 줄 선물 사려고 하나요?

① 선미
② 아기
③ 아버지
④ 사장님

2. 위 글과 맞지 않는 것은?

① 민호는 살 물건이 여러 개 있다.
② 민호는 디스카운트를 받으려고 한다.
③ 민호는 넥타이를 사고 있다.
④ 민호와 선미가 함께 물건을 고르고 있다.

정답 Comprehension: 1. ③ 2. ③

Coffee Break

잠시 머리를 식히면서 쉬었다가 갈까요?

Anybody wants to go out with me?

유학 처음 가서 학기가 아직 개강하기 전,
외국인학생들을 위한 오리엔테이션이 있었습니다.
수강을 위한 여러 절차를 안내해 주고, 미국교실 수업분위기, 학습전략,
학내 여러 서클, 학교식당 및 서점 등등 이제 막 도착한 외국학생들에게 유용한 대학생활의 이
모저모를 안내 해 주었습니다.

피부와 말이 서로 다른 외국학생들은 몇 그룹으로 나누어 조금은 큰 동그란 테이블에 각각
앉아 경청하였는데, 서로 다른 여건에서 자란 이들이었지만, 공통적으로 개강을 앞두고 동일한
긴장감과 설렘을 안고 있음을 표정에서 역력히 읽을 수 있었습니다.

어떤 미국학생이 나와 미국대학의 여러 특성들을 이야기 하면서 안내를 하고 끝이 나자 질의
응답시간이 있었습니다. 어느 유럽계통의 유학생이 질문하였는데 내용은 학내의 이성교제 등
에 대한 것으로 기억이 됩니다. 그러자 이 미국학생이 미국의 데이트문화 등을 소개 하면서,
데이트 신청을 한 후 상대측이 승낙하면 통상 교제 할 수 있다고 답을 하였습니다. 이 말 직후
에 공개적으로 'Hey, anybody wants go out with me?' 합니다. 그러자 참석한 유학생들이
와~ 하고 웃었습니다.

'go out with'은 '~와 외출하다'의 직역이 가능하지만, 통상 '~와 데이트를 하다'의 의미로 쓰
임을 주의하세요. 예를 들면,
She agreed to go out with me. 그녀는 나와의 데이트를 응해주었다.
He was seventeen when he started going out with girls. 그가 여자아이들과 데이트하기 시작
한 것은 열일곱 살이었다.

하나 더. 어느 coffee shop에 홀로 앉아있는 여성에게 마음이 끌린다면 어떻게 작업(?)을 시작
하는지 아시나요? 외국영화를 보면 이런 장면이 자주 나오지요.
'Do you come here often?'(여기는 자주 오시나요?)
너무 진부한 표현인가요? ㅎㅎㅎ

Main Study

E > **Expression I**

❶ Have you decided what to get for a Christmas present for your parents? (부모님께 성탄선물로 무엇을 드릴지 결정했어요?)

▶ Have you decided~? → 결정을 마쳤냐는 의미로 완료형 사용.

대답도 Yes, I have. 나 No, I haven't.로 한다.

▶ get → ~을 얻다, 받다(receive)/ 사다(buy)

get A B/ get B for A → A를 위해 B를 얻다(사다)

▷ I got a letter from him last month. (지난 달에 그에게서 편지를 받았다.)

▷ He got her a diamond ring. (그는 그녀에게 다이아몬드 반지를 사주었다.)

= He got a diamond ring for her.

❷ I have a little money to spend on it. (나는 거기에 쓸 돈이 약간 있을 뿐이에요.)

▶ spend on~ → ~에 돈(시간)을 쓰다, 소비하다 (in을 쓰기도 한다.)

▷ I spent a lot of money on books. (나는 책을 사는 데 많은 돈을 썼다.)

▷ He's spent all his energies on the first problem. (그는 첫 문제를 푸는 데 모든 에너지를 써버렸다.)

▷ His father and he spend every Saturday in playing baseball. (그의 아버지와 그는 매주 토요일을 야구를 하면서 보낸다.)

▷ Ill gotten[got], ill spent. (<속담> 부정하게 번 돈은 오래가지 않는다.)

❸ You'd better decide quickly because you do not have much time to shop. (쇼핑할 시간이 별로 없으니 빨리 결정하세요.)

▶ had better → '~하는 것이 좋다, 낫다'/ 뒤에 원형동사를 취하는 조동사.

부정형은 had better not 동사

보통 손아랫사람에 대하여 써서 충고·가벼운 명령을 나타내는데, 협박의 뜻을 내포하기도 하므로, 상황이나 상대에 따라서는 should나 it might be better 등을 써서 완곡하게 해주는 것이 좋다.

▷ You had better go to hospital. (진찰을 받아보는 게 좋겠어.)

▷ We had better go home rather than wait here. (여기서 기다리느니 집에 가는 게 낫겠어.)

❹ I am thinking about buying my parents some nice clothing. (부모님께 멋있는 옷을 사

드릴까 생각하고 있어요.)

▶ think about →~에 대하여 생각하다

▶ buy A B/ buy B for A → A(사람)에게 B(물건)을 사주다

▶ clothing → (집합적) 의류, 옷, 의복 (clothes보다 격식 차린 말. 모자구두 등 몸에 걸치는 모든 것을 포함함).

　▷ What do you think about Korea? (한국에 대해서 어떻게 생각하세요?)

　▷ Have you thought about the kind of work you would like to do? (자기가 하고 싶은 일에 대해서 생각해 본 적이 있습니까?)

❺ What do you have in mind? (무엇을 계획하고(생각하고) 있으세요?)

▶ have in mind → ~의 일을 생각하다(계획하다, 염두에 두다)

▶ bear(keep) ~ in mind → ~을 외우다, 마음에 새기고 있다

▶ make up one's mind → ~하기로 결심하다, 결단을 내리다

▶ be out of one's mind → 제정신이 아니다, 미치다

❻ Let's start with your father. (아버지부터 시작할까요.)

▶ start with → ~로 시작하다(개시하다)

　to start with(=to begin with) → (부사적) "우선, 처음에는"

　▷ Start with something simple. (간단한 것부터 시작해라.)

　▷ To start with, she decided to make herself some visiting cards. (그녀는 우선 자기 명함을 만들기로 결심했다.)

❼ Let's take a look at that shop over there. (저기 있는 가게를 둘러보지요.)

▶ take a look at (~을 보다) → look at

▶ take 'A' into consideration ('A'를 고려하다) → consider A

▶ take notice of (~을 알아채다, 주목하다) → notice

❽ We are looking for a nice sweater for my father. (아버지께 드릴 멋진 스웨터를 하나 찾고 있어요.)

▶ look for → (사람, 사물을) 찾다, 쇼핑할 때, 자주 쓰이는 표현

▶ look after → 돌보다, 관심을 기울이다

▶ look around → 주변을 둘러보다, 살피다

▶ look back → 뒤돌아보다, 회상하다

▶ look down on → (사람, 행위 등) 깔보다, 업신여기다

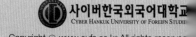

▶ look forward to ~ing → ~을 고대하다

▷ It's the very thing that I've been looking for. (내가 찾고 있던 건 바로 이거다.)

❾ We have a vast selection of sweaters. (저희는 아주 많은 양의 재킷을 가지고 있습니다.)

▶ vast → 광대한, 대단한

▷ vast mountains of sand → 거대한 모래산들

▷ a vast difference → 굉장한 차이

▶ selection → 선택, 선발, 정선, 구색

▷ a careful selection of members → 회원의 엄선

❿ It is difficult for me to decide with so many colors to choose from. (고를 색상이 많아 결정하기가 어렵습니다.)

의미상의 주어는 for me, it은 가주어

▶ choose from ~ → ~에서 고르다

choose A B / choose B for A → <A(남)에게 B(물건)를> 골라주다

▷ choose one from many things (많은 것 중에서 하나를 고르다[선택하다])

▷ You may choose from what you see in the shop window. (진열장에 있는 것에서 고르실 수 있습니다.)

▷ I'll choose you a good book[= I'll choose a good book for you]. (너에게 좋은 책을 골라 줄게.)

⓫ This design is quite new for a pullover clothing. (풀오버 옷으로서는 새로운 디자인예요.)

▶ pullover → 머리로부터 뒤집어써 입는 옷 등...

▶ for → ~치고는

▷ He is young for his age. (그는 나이치고는 젊다.)

▷ It is cold for September. (9월치고는 춥다.)

Q POP QUIZ Ⅰ

Q1 다음 중 잘못된 문장은?

① What do you think about Korea?
② He got her a diamond ring.
③ You had better to go home now.
④ Let me start with this problem.

≪Hint≫ had better + 원형동사

Q2 빈칸에 들어가야 할 알맞은 전치사는?

This table is made (　　) wood.

① of
② from
③ into
④ by

≪Hint≫ 재료 질의 변화(화학적 변화)가 없는 것은 make A of B.

 Pop Quiz I: 1. ③ 2. ①

E ▷ **Expression Ⅱ**

❷ This seems to look a little too trendy for an old man. (연로하신 분들이 입으시기에는 조금 유행에 치우친 스타일일 수도 있어요.)

▶ trendy → 유행의, 멋진(=fashionable)

▷ She wants to have a trendy hair style. (그녀는 유행하는 헤어스타일을 하고 싶어한다.)

▷ Jennifer is wearing a trendy bracelet. (제니퍼는 유행하는 팔찌를 끼고 있다.)

❸ It will look very stylish on a gentleman like your father. (당신의 아버지 같은 신사분에게는 아주 잘 어울릴 것 같아요.)

▶ stylish → 유행의, 멋진

▶ on a gentleman → 옷을 입은 상태를 의미하므로 착용의 'on'을 사용.

▷ A gun was found on him. (그의 몸에서 권총이 나왔다.)

▷ That suit looks good on you. (그 옷은 네게 잘 어울린다.)

❹ Could you give me a little discount? (조금 깎아주시겠어요?)

▶ discount → (금액을) 할인하다, 에누리

▶ make[allow, give] a discount → 할인을 하다.

▶ at a discount → 정가[정찰] 이하로

▷ Cash sales are discounted at five percent. (현금 구입시에는 5% 할인합니다.)

▷ The seller gives a 10% discount. (파는 사람은 10% 할인을 해준다.)

▷ The buyer gets a 10% discount. (사는 사람은 10% 할인 받는다.)

▷ The commodity is sold at 10% discount. (그 상품은 10% 할인 가격으로 판매된다.)

❺ I'm on a tight budget. (예산이 빠듯해요.)

▶ tight budget → 긴축 예산

▶ on a budget → 한정된 예산으로

▷ I got a vacation budget of $300 this Monday. (이번 월요일에 300달러의 휴가비를 받았다.)

▷ The company budgeted $5,000 a year for building repairs. (그 회사는 건물 수리에 연간 5,000달러의 예산을 짰다.)

❻ I will not charge you tax on the sweater. (부가세는 청구하지 않겠습니다.)

▶ charge → (요금, 대금을) 청구하다/청구,

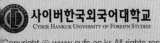
사이버한국외국어대학교
CYBER HANKUK UNIVERSITY OF FOREIFN STUDIES

고발(고소)하다/고발

in charge of → ~을 관리하는, 책임지는

a false charge → 무고한 죄

▷ The book store charged the student $50 for the books. (책방에서는 그 책의 대금으로서 학생에게 50달러를 청구했다.)

▷ How much will you charge me for repairing this car? (이 차의 수리비는 얼마입니까?)

▷ They charge tax on liquor in the U.S. (미국에서는 주류에 세금을 부과한다.)

▷ They charged him with a crime. (그들은 그를 범죄로 고발했다.)

⑰ That will save you some money. (그것이 비용을 좀 절약시켜 주겠네요.)

▶ save → 절약하다, 절약시키다

save one's strength 힘을 아껴두다.

save expenses[expenditure] 비용[경비]을 절약하다.

▷ I saved time by taking a short cut. (지름길을 택해 시간을 벌었다.)

▷ Save me a place. (내 자리를 잡아 놔 주세요.)

▷ That will save me 10 dollars. (그것으로 10달러 절약된다.)

▷ It saved her much time. (그것으로 그녀는 시간을 많이 절약할 수 있었다.)

▷ 'TOPS never stops saving you more.'

⑱ Could you lower the price of the sweater just a little? (스웨터 가격을 조금만 낮춰주시겠어요?)

▶ lower → 내리다, 낮추다

▷ My mother always lower the price of the goods. (엄마는 항상 물건값을 내리신다.)

▷ Matt lowered the volume of a stereo set. (매트는 스테레오 소리를 낮췄다.)

▷ She lowered her voice to whisper. (그녀는 목소리를 낮추어 속삭였다.)

⑲ Would you like to gift-wrap this? (이걸 포장해드릴까요?)

▶ gift-wrap → 선물용으로 포장하다

▶ gift-wrapping → 선물용 포장

⑳ One down and we have two more to go. (하나는 해결했고 두 개가 더 남았어요.)

▶ down → 완수한, 처리한

▷ Four down and one to go. (4개 처리하고 하나 남아 있다.)

❷ signs that read fifty percent discounts on all the clothes! (모든 의류가 50%세일이라고 쓰여 있는 표시)

▶ read → (책 등이) (…하게) 읽히다; (…이라고) 쓰여 있다, 표현되어 있다.

say를 써도 같은 의미.

▷ This novel reads well. (이 소설은 재미있게 읽힌다.)

▷ This play reads better than it acts. (이 희곡은 무대에서 보는 것보다 읽는 편이 재미있다.)

▷ The message reads as follows. (전언에는 다음과 같이 쓰여 있다.)

▷ His letter said that he would visit us. (그의 편지에는 우리를 찾아오겠다고 씌어 있었다.)

▷ It says in the papers that our exports are down. (신문은 우리나라의 수출이 줄어들고 있다고 보도하고 있다.)

Q POP QUIZ Ⅱ ···

Q1 다음 중 의미가 크게 다른 하나는?

① fashionable
② stylish
③ trendy
④ freely

≪Hint≫ '유행하는'이 아닌 것

Q2 다음 동사의 의미가 다른 것은?

① How much will you charge me for the book?
② He charged me 50$ for eggs.
③ I will not charge you tax on the jacket.
④ He was charged with murder.

≪Hint≫ '청구하다'가 아닌 '고소하다'의 의미를 가진 것.

 Pop Quiz Ⅱ: 1. ④ 2. ④

E Exercise I

다음과 같은 뜻이 되도록 빈칸에 주어진 단어를 채워 문장을 완성해 보세요.

1 '부모님께 멋진 옷을 사드릴까 생각하고 있어요'라는 의미가 되도록 적당한 단어를 찾아 순서대로 끌어오세요.

> buying, clothing, parents, about, some, thinking, nice, my
> I'm (   ) (   ) (   ) (   ) (   ) (   ) (   ) (   ).
>
> ≪Hint≫ think about → ~에 대해 생각하다/ buy A B → A에게 B를 사주다

2 '우리는 아버지께 드릴 멋진 스웨터를 찾고 있어요.'라는 의미가 되도록 적당한 단어를 찾아 순서대로 끌어오세요.

> looking, my, sweater, for, father, a, nice, for
> We are (   ) (   ) (   ) (   ) (   ) (   ) (   ) (   ).
>
> ≪Hint≫ look for → ~을 찾다

3 '아버지가 입으시면 아주 세련되어 보이실 꺼에요'라는 의미가 되도록 적당한 단어를 찾아 순서대로 끌어오세요.

> very, your, look, on, stylish, father
> It will (   ) (   ) (   ) (   ) (   ) (   ).
>
> ≪Hint≫ on your father → 아버지가 입으시면

4 '조금 할인해 주실 수 있어요?'라는 의미가 되도록 적당한 단어를 찾아 순서대로 끌어오세요.

> a, discount, you, me, give, little
> Could (   ) (   ) (   ) (   ) (   ) (   )?
>
> ≪Hint≫ give A B → A에게 B를 주다/ a little discount → 약간의 할인

5 '이것을 선물 포장해 드릴까요?'라는 의미가 되도록 적당한 단어를 찾아 순서대로 끌어오세요.

> to, this, you, gift-wrap, like
> Would (   ) (   ) (   ) (   ) (   )?
>
> ≪Hint≫ would like to → ~하길 원하다/ gift-wrap → 선물 포장하다

정답 Exercise I: 1. thinking about buying my parents some nice clothing
2. looking for a nice sweater for my father 3. look very stylish on your father
4. you give me a little discount   5. you like to gift-wrap this

E 〉 Exercise II

의미가 통하도록 알맞은 말을 넣어보세요.

1 You ___ ___ ___ quickly because you do not have much time to shop.

쇼핑할 시간이 많지 않으니 빨리 결정하는 게 좋겠어요.

≪Hint≫ '~하는 게 좋다'의 의미를 가진 조동사는?

2 What do you _____ _____ _____ ?

무엇을 생각하고 있어요?

≪Hint≫ ~일을 생각하다, 계획하다

3 I'm _____ _____ _____ _____ .

예산이 빠듯해요.

≪Hint≫ on + 빠듯한 예산

4 One and we have two more _____ _____ .

하나는 처리되었고 두 개가 더 남았어요.

≪Hint≫ '처리된'의 의미를 가진 단어는?

5 I will not _____ _____ _____ on the sweater.

스웨터에 대해서는 세금을 부과하지 않을께요.

≪Hint≫ (금액을) 청구하다, 부과하다

정답 Exercise II: 1. had better decide 2. have in mind
                   3. on a tight budget 4. down, to go
                   5. charge you tax

Bonus

생일이나 각종 명절, 입학 및 졸업, 승진, 연말연시 등등 사실 우리는 소중한 분에게 선물할 기회가 매우 많습니다, 선물을 할 때 종종 사용하는 표현들이 있는데 그것들을 살펴봅니다.

A Thank you for helping me to prepare for the exam.

B Oh, don't mention it.

A I have a small gift for you.

B Uh uh, You don't have to.

A Here you are.

B Oh, that's very nice of you! Can I open it right away?

A Sure, if you want to. I hope you'll like it.

B My! What a great album. I was thinking of getting this one. Thank you.

A I'm glad you like it.

A 시험 준비 하는데 도움을 주셔서 감사합니다.

B 오, 천만에요.

A 당신에게 조그만 선물을 준비했습니다.

B 저런... 그렇게 하실 필요 없는데요.

A 여기 있습니다.

B 오, 참으로 친절하시네요. 지금 열어봐도 되요?

A 네. 원하시면요. 마음에 들면 좋겠네요.

B   어머. 근사한 앨범이네요. 이런 것을 구하고 있었는데요. 감사합니다.
A   마음에 드신다니 기뻐요.

_____

❖small gift → 통상 선물 이라는 말 앞에 'small'이라는 말을 붙여 겸손함을 내포함.

❖You don't have to → 뒤에 'give that to me.'가 생략되었음.

❖Can I open it right away? → 선물을 받고 그 자리에서 풀어볼 때 주는 사람의 의향을 물어 보는 것은 훨씬 에티켓이 있어 보입니다.

❖I hope you'll like it (주기 전에). I'm glad you like it (주고 난 후) → 모두 선물을 줄 때 늘 나오는 표현.

❖I was thinking of getting this one. 혹은 This is just what I've wanted. → 이 역시 선물을 받는 이로서 사용하는 표현.

Wrap-up ···

1. We are looking for a nice jacket for my father.

- look for → (사람, 사물을) 찾다
  쇼핑할 때, 자주 쓰이는 표현

2. Could you give me a little discount?

- discount → (금액을) 할인하다, 에누리

3. That will save you some money.

- save → 절약하다, 절약시키다
- That will save me 10 dollars. 그것으로 10달러 절약된다.